WLADIMIR KAMINER
Der verlorene Sommer
Deutschland raucht auf dem Balkon

W0194559

GOLDMANN
Lesen erleben

Wladimir Kaminer

Der verlorene Sommer

Deutschland raucht auf dem Balkon

GOLDMANN

Sollte diese Publikation Links auf Webseiten Dritter enthalten,
so übernehmen wir für deren Inhalte keine Haftung,
da wir uns diese nicht zu eigen machen, sondern lediglich
auf deren Stand zum Zeitpunkt der Erstveröffentlichung verweisen.

 Dieses Buch ist auch als E-Book erhältlich.

FSC
MIX
Papier aus verantwor-
tungsvollen Quellen
FSC® C083411

Penguin Random House Verlagsgruppe FSC® N001967

3. Auflage
Originalausgabe April 2021
Copyright © 2021 by Wladimir Kaminer
Copyright © dieser Ausgabe 2021
by Wilhelm Goldmann Verlag, München,
in der Penguin Random House Verlagsgruppe GmbH,
Neumarkter Str. 28, 81673 München
Umschlaggestaltung: UNO Werbeagentur, München
Umschlagfotografie: © Urban Zintel
AB · Herstellung: ik
Satz: KompetenzCenter, Mönchengladbach
Druck und Bindung: CPI books GmbH, Leck
Printed in Germany
ISBN: 978-3-442-20624-7
www.goldmann-verlag.de

Besuchen Sie den Goldmann Verlag im Netz

Inhalt

Kapitel 1

Freitag, der 13.

»Bus und der Busfahrer sind desinfiziert. Bitte halten Sie den Sicherheitsabstand ein, und steigen Sie durch die hintere Tür in den Bus ein.« Mit diesem großen roten Zettel war die Busfahrertür von außen versiegelt, der Fahrersitz war mit rotweiß gestreiften Absperrbändern gesichert. Ich stieg durch die hintere Tür ein und wollte den Busfahrer nach einer Fahrkarte fragen. »Nach hinten gehen, dü hascht nich gelese!«, pöbelte er mich an. Man konnte zum Glück nicht wirklich verstehen, welche Wünsche er in seine Atemschutzmaske spuckte. Ich nickte, wünschte ihm in Gedanken ebenfalls einen schönen Coronadurchfallstrahl zu Ostern und setzte mich nach hinten.

Es war also kein Witz. Auch hier in Baden-Baden hatte die Panik zumindest die Verkehrsbetriebe erreicht. Aufgrund der Corona-Pandemie waren schon mehrere meiner Veranstaltungen ausgefallen, denn die Bundesregierung und das ganze Land hatten nur noch eins im Sinn: die Infektionsketten unterbrechen. Mit meinen Lesungen und der Russendisko war ich zweifelsohne Teil dieser Kette und musste dringend unterbrochen werden. Eine Woche zuvor waren bereits Großveranstaltungen ab tausend Teilnehmern untersagt worden, am Montag darauf hieß es, auch Veranstaltungen ab hundert Teilnehmern seien eine große Gefahr für die Menschen. Es gehe um Leben und Tod jedes Einzelnen von uns, hatte der Finanzminister gesagt und alle Bürgerinnen und Bürger aufgefordert, ihre Wohnungen nicht mehr zu verlassen.

Alle Kultur- und Kunstorte wurden als mögliche Beschleuniger der Seuchenverbreitung eingestuft und geschlossen. Den ganzen Vormittag riefen mich die Verantwortlichen von Theatern, Clubs und Volkshochschulen an, wo demnächst eine Lesung oder eine Disko geplant war, und baten um Ersatztermine für den Herbst. Zwischen September und Januar wollten sie das Programm wieder aufnehmen. Bis dahin wäre die Sache mit dem Virus vorbei, so war die allgemeine Stimmung.

Auf einmal war ich arbeitslos, denn nur die wenigsten Veranstalter hielten an ihrem Programm fest. Die Sparkasse in Annaberg-Buchholz wollte allerdings trotz schlechter Nachrichten unbedingt den Internationalen Frauentag für ihre weiblichen Kunden nachfeiern, und auch das Casino Baden-Baden zeigte sich nicht bereit, auf meinen Auftritt zu verzichten.

»Sie sind unser letzter Gast«, erklärte mir eine Öffentlichkeitsbeauftragte des Casinos, Frau Hase. »Danach möchten auch wir eine Pause machen. Als Casino müssen wir ganz besonders auf unser Image achten. Es geht ja nicht, dass alle Festspielhäuser und Konzerthallen schließen, das Casino aber weitermacht, als wäre nichts passiert. Wir wollen nicht als einzige Quelle der Seuche in der Öffentlichkeit dastehen und schließen deswegen morgen. Heute aber freuen wir uns sehr auf Ihre Lesung!«

Ich freute mich auch auf den Abend, obwohl der lange Weg von Annaberg-Buchholz nach Baden-Baden durch ein verängstigtes und verseuchtes Deutschland mir die letzte Kraft raubte. Dazu kam dann noch der pöbelnde Busfahrer mit Atemmaske. Im Bus saßen drei Menschen und ich mit größtmöglichem Abstand voneinander entfernt. Dummerweise war ich erkältet und konnte meinen Husten nicht verbergen. Jedes Mal, wenn ich hustete, blickten die anderen Passagiere in meine Richtung wie gejagte, in die Ecke getriebene und vom Tod bedrohte Tiere.

Der Tod war derzeit überall. Er lauerte an jeder Ecke, unsichtbar, tückisch, allgegenwärtig. Das Virus konnte ersten Berichten zufolge ohne menschlichen Wirt bis zu drei Tage auf allen Oberflächen überleben. Es konnte auf jeder Türklinke, jedem Sitz, jeder Klobrille sein Unwesen treiben und innerhalb einer Sekunde der Entspannung, wenn du auf der Toilette gerade deinen Schutzanzug heruntergelassen hast, in dich eindringen.

Je schärfer die Passagiere mich anschauten, umso mehr musste ich husten. Ich glaube, es handelt sich hier um ein psychisches Phänomen. Jedenfalls hustete und hustete ich, bis ich ausstieg. Vor dem Hotel traf ich den Casino-Direktor mit seiner schönen russischen Frau Natascha. Er hustete auch, das beruhigte mich etwas.

»Wir werden wahrscheinlich ab Montag keine weiteren Veranstaltungen abhalten können, aber das heute Abend ziehen wir durch«, lächelte mich der Direktor an. Er selbst könne allerdings nicht kommen. Er sei leider verschnupft, meinte seine Frau. Sie wären gerade beim Arzt gewesen, und der Direktor habe sich krankschreiben lassen. In diesen Zeiten der allgemeinen Verunsicherung wollte er seinen Mitarbeitern nicht zumuten, einen kränkelnden, hustenden Direktor vor Augen zu haben. Sie wünschten mir viel Erfolg.

Im Hotel versuchte ich, mich mental auf den Abend vorzubereiten. Eine Stunde vor Beginn kam dann die Nachricht: Das Casino schloss mit sofortiger Wirkung den gesamten Spielbetrieb, inklusive Bars und Restaurants.

»Das ist leider nicht zu ändern, Wladimir«, meinte Frau Hase. Sie wollte am Abend jedem einzelnen der 200 Gäste sein Geld persönlich zurückgeben und sich entschuldigen. »Das wird kein Spaß«, meinte sie am Telefon, »aber lass uns trotzdem danach ins Rizzi essen gehen.«

Wir verabredeten uns für halb zehn. Zum Glück waren die Restaurants noch nicht geschlossen, aber keiner wusste wie lange noch. Abends saßen wir wie jedes Jahr mit der Buchhändlerin Marion, der Öffentlichkeitsbeauftragten Frau Hase und Arnold, dem Chef der sozialpädagogischen Abteilung, zusammen. Wieso hatte ein Spielcasino überhaupt eine sozialpädagogische Abteilung? Es ging dabei um die Gesundheit der Spieler – psychisch und physisch. Spieler sind wie die Katzen. Sie verdrängen oft ihr Leiden, tun so, als seien sie fit und munter, und offenbaren sich erst, wenn es für Hilfe bereits zu spät ist. Die sozialpädagogische Abteilung baue auf Vorsorge und Prävention, auf gut Deutsch: Verhütung.

In der Regel sieht ein Casinobesucher adrett und gesund aus. Er ist ordentlich gekämmt, sauber rasiert und angezogen, grüßt das Personal, spielt meistens an einem Tisch, schaut konzentriert aufs Roulette und freut sich, wenn jemand in seiner Nähe gewinnt. Manchmal aber kommt ein Spieler ungekämmt und unrasiert herein. Er zappelt, schimpft, grüßt die Angestellten nicht und springt wie ein wilder Ziegenbock von Spieltisch zu Spieltisch. In diesem Fall macht der Leiter der sozialpädagogischen Abteilung ein Kreuz auf seiner Liste und wartet auf den Anruf von Familienangehörigen. In der Regel kommt dieser Anruf innerhalb von 24 Stunden. Sohn, Tochter oder Ehefrau des Betroffenen klagen, ihr Vater oder Ehemann sei in letzter Zeit kaum wiederzuerkennen. Er sei verzweifelt, habe Selbstmordfantasien, laufe Amok und sei anscheinend fest entschlossen, sein ganzes Vermögen nicht seinen Angehörigen, sondern dem Casino zu überlassen. Dabei hätten die Ehefrau und die Kinder fest mit dem Geld gerechnet, um damit ihr Leben als reiche Schmarotzer abzusichern. Sie bitten daher die sozialpädagogische Abteilung, dem Spieler mindestens vorübergehend Casino-Verbot zu erteilen, damit er ein wenig Zeit habe, wieder zu sich zu kommen.

Es sind oft komplizierte, nervenaufreibende Schlichtungen, die Arnold zu managen hat. Wahrscheinlich ist er durch seine Arbeit ein so ruhiger, ausgeglichener Mensch geworden. Doch an diesem Tag war er völlig außer sich.

»In den ganzen dreißig Jahren ist es mir noch nie passiert, dass ich die Tresore der Spielbank bereits um 20.00 Uhr schließen musste. Wir sind heute leer ausgegangen! Wir sind leer! Das Virus hat unser Geld gefressen. Und das ist nur der Anfang!«

Arnold wusste anscheinend mehr als wir alle über die Pandemie. Seit Februar hatte er jeden Abend und jeden Morgen die Live-Ticker zur Corona-Ausbreitung verfolgt und sich dabei sogar ein wenig in den Virologen Christian Drosten verliebt, der jeden Tag in allen wichtigen Nachrichtensendungen auftrat und Tipps gab, wie man in einer virenverseuchten Welt am besten überlebte.

»Er hat ein solches Charisma! Dieser Blick, diese leise, aber gleichzeitig selbstbewusste Stimme!«, schwärmte Arnold. In der Tat hatte man Menschen wie Drosten früher nicht so oft im Fernsehen gesehen, aber auf einmal waren sie zu den wichtigsten Orakeln der Nation aufgestiegen. Kein Nachrichtenprogramm kam ohne einen Fachmann in medizinischer Forschung aus. Es waren die Helden der neuen Zeit, allesamt Männer, schlank, lässig angezogen, manche mit Dreitagebart: Virologen, Epidemiologen, Professoren für Tropenmedizin, Amphibienforscher. Die meisten versuchten, der Bevölkerung komplizierte wissenschaftliche Vorgänge in möglichst einfacher Sprache zu vermitteln, um den Menschen die Angst vor der Erkrankung zu nehmen. Das funktionierte nicht wirklich. Denn was für Virologen normal war, versetzte die unvorbereiteten Zuhörer in Panik. Natürlich würde das Virus mutieren und jedes Jahr in immer neuen Formen wiederkommen, prophezeiten sie. Möglicherweise hätten wir im Sommer eine Verschnaufpause, und es ginge erst im Herbst wieder los. Vielleicht aber hätte sich das Virus auch der warmen Jahreszeit angepasst und freute sich wie wir alle auf den Sommer, sagten die Virologen. Und was konnten wir dagegen tun? Nichts. Außer alle zwanzig Sekunden gründlich die Hände waschen und nach Möglichkeit in den Ellenbogen niesen.

Der charismatische Virologe Christian Drosten ging allerdings noch weiter. Er gab wichtige Überlebenstipps für das alltägliche Leben. Er würde niemals Bier vom Fass trinken, nur aus der Flasche, offenbarte der Wissenschaftler. Man wisse nämlich nie, wie gründlich die Gläser abgespült würden, wie viel Spülmittel dabei eingespart werde und wer noch vor fünf Minuten aus demselben Glas getrunken habe.

Am nächsten Tag konnte man in jeder Zeitung als wichtigste aktuelle Empfehlung lesen: »Virologe Drosten rät von gezapftem Bier ab, trinkt nur aus der Flasche!«

Die Empfehlung konnte den Berliner Kneipen kaum noch schaden, denn bereits wenige Tage später mussten sie auf Anordnung der Stadtverwaltung schließen. Polizeipatrouillen fuhren durch die Stadt und kontrollierten, ob die Kneipenbesitzer sich an das Verbot hielten. Sie waren positiv überrascht. Die Wirte wussten alle Bescheid und mussten nicht erst durch die Polizei zum Zusperren aufgefordert werden. Die anderen Empfehlungen der Virologen kamen bei der verunsicherten Bevölkerung ebenfalls gut an: niemandem die Hand schütteln, keine Elternbesuche mehr, keine unnötige Kommunikation mit anderen Menschen.

In den Augen der Virologen schienen Menschen reine Virentransporteure zu sein, die man auf jeden Fall zum Stehen bringen musste. Sonst würden Menschen und Viren sterben und nur noch Virologen den Planeten bevölkern, weil sie niemals Bier vom Fass getrunken hatten. Es gehe um Leben und Tod, um den Erhalt unserer Population, sagte der

Finanzminister im Fernsehen. Deswegen dürfe Geld jetzt keine Rolle spielen, Hauptsache wir überlebten.

Für Virologen und Politiker war eine goldene Zeit ausgebrochen. Jahrzehntelang hatten die Bürgerinnen und Bürger sich beklagt über die Unfähigkeit des politischen Personals, Entscheidungen zu treffen, und über die europäische Bürokratie, die jede gesellschaftliche Initiative durch endlose Abstimmungen erdrosselte. Angesichts der großen Herausforderungen des Klimawandels, der Flüchtlingsströme, der Kriege und des unverantwortlichen Egokapitalismus machte sich die europäische Politik in die Hose. Sie hatte Angst vor Großkonzernen, Angst vor Umweltverschmutzern und Klimawandelleugnern, Angst vor Putin und Trump. Die großen bürgerlichen Parteien verloren immer mehr Zustimmungs-Prozente, und die Menschen begannen sich ernsthaft zu fragen, ob sie vielleicht ganz ohne Regierung besser dran wären und dabei auch noch jede Menge Geld sparen würden. Nun hatte sich das Blatt gewendet. Im Virus hatten die Politiker einen Gegner erkannt, vor dem sie keine Angst haben mussten. Es konnte den meisten von ihnen nichts antun – außer einem Schnupfen. Sie aber bekamen durch die Pandemie die Gelegenheit, mit aller Macht zu zeigen, wozu Ordnungshüter da waren. Sie konnten schnelle Entscheidungen treffen, die bürgerlichen Rechte einschränken und natürlich schließen und sperren, schließen und sperren, um das Land und das Volk zu retten.

Die Politiker versuchten sich mit Rechtfertigungen zu überbieten. »Wir sind im Krieg«, erklärte der französische Präsident. Die Bundeskanzlerin ging noch weiter und nannte die Corona-Welle »die größte Herausforderung seit dem Zweiten Weltkrieg«. »Es geht um die Existenz unseres Planeten, wir Amerikaner müssen als Volk überleben«, sagte der amerikanische Präsident, im festen Glauben, unserem Planeten würden ausgerechnet die Amerikaner besonders fehlen.

Als Experten holten sich die Politiker jede Menge Virologen und Epidemiologen – Leute, die durch ihre beruflichen Präferenzen in allen Menschen wandelnde Virensäcke sehen. Sie gaben Tipps zur Eindämmung des Virus. Man sollte sich beispielsweise in seine Wohnung verkriechen und sich nicht mit anderen treffen. Auf diese Weise würden wir nicht alle auf einmal erkranken, sondern geordnet der Reihe nach und so unser Gesundheitssystem vor dem Kollaps bewahren. Sie empfahlen eine weltweite Quarantäne und konnten nicht sagen für wie lange. Je gruseliger ihre Prognosen, umso beliebter wurden die Virologen. Es ist oft so, dass Menschen gerade diejenigen besonders stark ins Herz schließen, die ihnen am meisten Angst machen. Man kennt das auch als Stockholm-Syndrom.

Kneipen wurden geschlossen, während Restaurants zunächst noch bis 18.00 Uhr geöffnet sein durften, später aber nur noch Speisen zum Mitnehmen anbieten konnten. Aber an diesem ersten Tag des Schreckens, am Freitag, dem 13. März, in Baden-Baden galt das Kneipenverbot noch nicht. Also ging ich noch in die Bar des schönen neuen Russenhotels mit dem Swimmingpool auf dem Dach, angeblich frisch von reichen Russen erbaut, wie mir Arnold erzählt hatte. Die Russen lieben Baden-Baden. Sie fangen permanent an, hier etwas zu bauen. Aber dann geht ihnen auf halber

Strecke das Geld aus, weil sie nach Feierabend zu oft ins Casino gehen. Die Baustelle wird fürs Erste eingefroren, doch nach einer Weile kommen neue Russen mit frischem Geld, zahlen die alten Russen aus und bauen weiter. Irgendwann gehen allerdings auch die neuen zu häufig ins Casino. Wobei sie das nur tun, um ihren großen Schriftsteller Dostojewski zu ehren, der hier seine ganzen Honorare verspielte. Dostojewski legte es darauf an, das Schicksal herauszufordern, und setzte sein ganzes Hab und Gut auf die 23. Das machen ihm die Russen bis heute nach. Manche setzen zwar trotz Dostojewskis Empfehlung auf die 32, was aber in der Regel auf dasselbe hinausläuft. Das Geld ist weg. Deswegen sehen die Russenhotels in Baden-Baden immer irgendwie unfertig aus.

Vielleicht ist das heute mein letzter Barbesuch, überlegte ich. Ich saß an diesem wunderbaren frühlingshaften Spätabend am Beckenrand des Swimmingpools. Der Whiskey Sour mit Eiweiß schmeckte hervorragend, links und rechts von mir gab es gleich zwei Junggesellenabschiede: Schicke junge Frauen in Abendkleidern und High Heels gaben sich ordentlich die Kante. In einer stillen Ecke saßen unterdessen die Russen, tranken schweigsam Wodka aus Cognacschwenkern, betrachteten ernst den Frauenspaß und wirkten irgendwie fremd auf diesem Fest des Lebens. Nichts erinnerte hier an die erlahmte Welt da draußen, an das Virus. Vom Dach des Hotels aus konnte man in die vielen erleuchteten Fenster auf der gegenüberliegenden Straßenseite schauen: Die Menschen saßen vor ihrem Fernseher, kochten, spielten Karten, rauchten auf dem Balkon. Nichts deutete auf das Ende der

Welt hin, unserer gemütlichen, schönen Welt, die so vielen Kriegen und Krisen getrotzt hatte, von einer mikroskopisch kleinen Zellstruktur nun aber in die Knie gezwungen wurde. Vielleicht stand sie noch einmal auf, doch diese dann auferstandene Welt würde wohl eine ganz andere sein, überlegte ich auf dem Dach des Hotels sitzend. Die Welt, wie wir sie kannten, neigte sich dem Ende zu.

Am nächsten Tag wartete ich am Bahnhof Baden-Baden beinahe allein auf den Zug. Die Bundesregierung hatte die Warnung ausgesprochen, alle Bürger sollten Reisen, die nicht lebensnotwendig waren, verschieben. Besonders Flugzeuge und Züge galten als perfekte Übertragungs- und Vermehrungsorte für das Virus. Die Bahn bereitete sich auf eine drastische Reduzierung des Verkehrs vor. In ganz Deutschland wurden die von den Virologen empfohlenen Ausgangssperren diskutiert, aber man wusste noch nicht, ob sie unabdingbar wären, um das Virus zu bremsen.

In der Bahnhofshalle standen zwei Zeugen Jehovas neben mir. Ein älterer mit traurigem Gesicht, gehüllt in einen schwarzen Mantel, der nicht zu dem warmen sonnigen Wetter passte. Ein Mantelrelikt aus der Zeit, als der Winter noch ein Winter war. Der zweite Zeuge war jung und gut drauf. Er hatte ein strahlendes Lächeln und trug einen perfekt sitzenden hellgrauen Anzug mit Weste und Krawatte. Der altmodische Zeuge hielt die Zeitschrift in der Hand, der junge ein Tablet. Auch die Zeugen hatten auf die Anforderungen der neuen Zeit reagiert und umgerüstet. Ich hatte sie schon häufig mit Tablets und Laptops in Bahnhofshallen gesehen. Einige konnten das Ende der Welt inzwischen mit einer PowerPoint-Präsentation sehr glaubhaft und anschaulich in 3D zeigen. Sie waren meist enthusiastisch und fröhlich aufgeregt. Das lang ersehnte Ende der Welt und das Letzte Gericht, von dem sie schon so lange geträumt hatten, rückten mit dem Einmarsch des Virus jetzt in unmittelbare Nähe.

Wir sprachen über die letzten Tage und wie man das Gericht am besten überstand. Die passenden Schuhe seien sehr wichtig. Am besten solle man Turnschuhe oder Fußballschuhe tragen, meinte der junge Zeuge, denn man werde auf dem Rücken einer Riesenschlange zur Gerichtssitzung laufen müssen, einer sehr glatten Ebene also. Man sollte auch eine Sonnenbrille bei sich haben, weil es sehr hell werden würde, und dürfe auf keinen Fall nach rechts oder links schauen. Auf der rechten Seite des Gerichts würden nämlich die gefallenen Engel in den Abgrund gestoßen, auf der linken Seite die Bildnisse und Gleichnisse zerstört, die sich die Menschen trotz des Verbots gemacht hatten. Mit dem Richter zu reden oder einen Anwalt zu verlangen werde bei dieser Angelegenheit nicht nötig sein, weil das Gericht ohnehin alles wisse und jeden seinen Sünden entsprechend verurteile. Das Aussageverweigerungsrecht nach Paragraf 55 der Strafprozessordnung gelte aber auch beim Letzten Gericht, niemand müsse sich zusätzlich belasten. Am besten also schweigen und nicken, so die Empfehlung der Zeugen. Letzten Endes wisse ohnehin jeder, was er angestellt und mit welcher Strafe er zu rechnen habe.

»Ja, ja«, sagte ich und schaute auf die Uhr. Noch zwanzig Minuten bis zur Abfahrt des Zuges. Sie fragten mich nach meinen Sünden. »Na ja«, meinte ich, »nichts Besonderes. Keine exotischen Verbrechen. Ich habe mir kein Bildnis gemacht, ich habe niemanden getötet, ich war vielleicht ein untreuer Ehemann, ich bin faul, ich trinke gerne Rotwein, aber ich ehre meine Eltern und begehre nichts von meinen Nächsten. Die haben meiner Meinung nach aber auch nichts Begehrenswertes. Ich habe auch keine Freude an Besitz, sondern gebe gern alles aus.«

»Das ist eine komplizierte Geschichte«, meinten die Zeugen. »Gott ist gnädig. Bete!«

Ich habe die Bibel auch gelesen. Für Menschen wie mich sollte es beim Letzten Gericht den Stuhl des sogenannten Fröhlichen Sünders geben: Jemand, der eigentlich immer Gutes will, oft Mist baut, aber seine Sünden niemals bereut und gerne einen ausgibt. Solche Menschen sollten nicht in die Hölle kommen und nicht ins Paradies. Sie bleiben für immer in Deutschland, dürfen aber kein Bier vom Fass trinken.

Kapitel 2

Mama

Mein Plan war es, aufs Land zu fahren, während Mama zu Hause in Berlin bleiben sollte. Meine Mutter war 88 Jahre alt, sie gehörte damit zur Risikogruppe, war im Grunde immer vernünftig, ging aber gern aus dem Haus zum Einkaufen, Spazierengehen und um Freunde zu besuchen. Wie sollte ich ihr erklären, dass sie das nicht mehr durfte? Schwierig. Außerdem war sie von der deutschen Nachrichtenwelt abgeschnitten, sie folgte ausschließlich den russischen Nachrichten. Und Russland hatte da schon immer ganz andere als der Rest der Welt. Doch langsam zog auch Russland in die Krise. Die Kirche rief ihre Gläubigen auf, am Sonntag nicht in den Gottesdienst zu gehen, Theater und Kinos machten zu, und sogar das Lenin-Mausoleum wurde geschlossen. Man hatte es nach langem Zögern offiziell als mögliche Infektionsquelle eingestuft.

Die zwei wichtigsten Fragen, die die russischen Analytiker beschäftigten, waren: Was tun? Und: Wer ist schuld? Die meisten waren sich einig. Natürlich war der Westen schuld. Der Kapitalismus mit seiner rastlosen Globalisierung hatte die Infektion über die ganze Welt verbreitet. Über kurz oder lang würde er uns nun vollständig zugrunde richten.

Wir hatten das Ganze am Anfang auch unterschätzt. Die Gefahr war irgendwo weit weg in China in der Stadt Wuhan, von der ich noch nie gehört hatte. Diese Stadt, ein kapitalistisches Vorbild im sozialistischen China, galt nicht nur als die am schnellsten wachsende Metropole des Landes, sondern auch als geheime Hauptstadt der volkstümlichen chinesischen Küche. Chinesen mochten es gerne exotisch. Die echte chinesische Küche war in keinem deutschen China-Imbiss zu bekommen. Während Auslandschinesen am liebsten Ente süßsauer mit Gemüse anboten, standen Festlandchinesen angeblich auf andere Kost. Sie verschmähten nicht einmal Schlangen, Schnecken, Quallen und Kröten. Sie verzehrten sogar Fledermäuse. Ob gekocht, gebraten oder roh war nicht bekannt. Diese Lebewesen wurden für viel Geld auf speziellen Märkten für exotische Speisen verkauft, und der größte Markt für Exoten lag in diesem Wuhan. Dort trafen Reptilien, Vögel und Säugetiere aufeinander, die einander in der freien Natur niemals zu Gesicht bekommen hätten. Plötzlich standen ihre Käfige nebeneinander oder sogar übereinandergestapelt, und so hatte wohl irgendeine erkältete Schlange auf eine halbtote Fledermaus geniest, und daraus war ein mutiertes Virus entstanden, das auf die Menschen in Wuhan übersprang. Erschreckende Videos kursierten im Netz, die zeigten, wie Menschen in Wuhan über die Straße gingen, plötzlich husteten und auf der Stelle umfielen.

Bei uns in Deutschland hatten die Menschen den Kopf darüber geschüttelt, aber vorerst keine Panik bekommen. Warum sollten wir auch Angst vor einem Virus haben, das von Fledermäusen auf Menschen übertragen wird? Wir haben nichts zu befürchten, wir essen keine Fledermäuse, dachten sich die Menschen. Auf den Gedanken, dass das Virus sich auch ohne Fledermäuse verbreiten würde, von Mensch zu Mensch, und das in einer Welt, in der niemand gegen dieses Virus immun war, auf diesen Gedanken ist man fast zu spät gekommen.

Das Jahr 2020 hatte sowieso schon schlecht angefangen. Eine Naturkatastrophe jagte die nächste. Infolge des Klimawandels schien die Welt aus den Fugen zu geraten. Die Pole schmolzen weiter, die Eisbären verhungerten, die Hurrikans verwüsteten eine Insel nach der anderen, und Australien brannte fast vollständig ab. Auch Deutschland wurde von Stürmen heimgesucht, die aber hauptsächlich in den Nachrichten stattfanden. Kurz vor Ausbruch der Pandemie machten uns die Medien Angst, Sturmtief Sabine rolle mit noch nie da gewesener Kraft auf Deutschland zu. Schulen sollten geschlossen bleiben, die Bürger wurden dazu aufgerufen, ihre Wohnungen nicht ohne Not zu verlassen. Sogar Flohmärkte und alle Geschäfte mit Außenbereichen sollten schließen, um die Menschen vor eventuell umstürzenden Bäumen und durch die Luft fliegenden Autos zu schützen. Die Deutschen sind ein ordnungsliebendes Volk, sie sind den Anweisungen gefolgt. Und was war? Gar nichts. Bei uns im kleinen Garten auf dem Hinterhof kippte ein Plastikstuhl um.

An diesem Abend spazierte ich durch die Stadt. Ein frischer Wind riss Blätter von den Bäumen und ließ sie auf dem Asphalt kreisen. Junge grüne Blätter. Im Februar. Klimawandel eben. Das Mädchen Greta, unsere Kassandra des Klimawandels, trat sogar in der UNO-Vollversammlung auf. Sie schrie die Menschheit an, sie solle aufhören mit ihrem Konsum, aufhören, hin und her zu fliegen, Überflüssiges zu konsumieren und Öl aus der Erde zu pumpen. »Wir müssen die Umwelt, die Natur und unsere Zukunft schützen!«, wütete sie. Damals haben alle über das Mädchen gelacht. Wer hätte gedacht, dass es gar keine UNO brauchte, um die Weltwirtschaft zum Stehen zu bringen. Eine kleine Fledermaus und ein Virus hatten Gretas Wünsche Realität werden lassen. Alle saßen mit ihren Liebsten zu Hause, die Lufthansa hatte alle Flüge gestrichen, die Maschinen blieben am Boden, der Ölpreis war im Keller, und die Umwelt erholte sich. Wer hatte nun die Schuld an der ganzen Sache? Die Chinesen? Die Amerikaner? Die Fledermäuse? Das konnte ich Mama nicht erklären. Eins stand fest. Wir waren es nicht. Schuld sind noch immer die anderen gewesen.

»Ich bleibe gerne zu Hause«, meinte meine Mutter. »Was habe ich da draußen verloren. Ich muss nur genug Lesestoff haben. Ein paar neue Krimis, Kreuzworträtsel, Sudokus. Filme und Musik habe ich auch zur Genüge.«

Bevor wir uns in die freiwillige Isolation begaben, war ich mit Mama noch einmal einkaufen, für mich und für sie. Sie wollte unbedingt Mehl, nicht auf Vorrat, sondern um zu backen. Es gab aber kein Mehl und auch kein Toilettenpapier. Die Konservenregale waren ebenfalls leer. Sogar die armen schlesischen Leberwürste im Glas, die jahrelang niemand haben wollte, hatten den Supermarkt geschlossen verlassen. Einige enttäuschte Konsumenten machten Selfies vor leeren Regalen.

Meine Mutter, Jahrgang 1931, betrachtete die frustrierten

Einheimischen mit Fröhlichkeit und leichter Schadenfreude. Sie wurde auf einmal nostalgisch. Denn das, was hier in Deutschland Ausnahmezustand war, war in unserer Heimat, der Sowjetunion, Alltag gewesen. Mit fehlendem Toilettenpapier konnte man Sowjetmenschen nicht aus der Ruhe bringen. Sie wussten genau, welche Zeitung sich am besten für den Toilettengang eignete. Die erste Seite sollte man allerdings nicht unbedingt verwenden, weil sie eine zu fette Schrift und zu viel Farbe hatte. Wurst war bei uns ebenfalls äußerst selten. Vor allem aber wurden diese Konsumgüter nie gleichzeitig angeboten. Wurst gab es immer dann, wenn Toilettenpapier fehlte. Verschwand hingegen die Wurst, konnte man plötzlich Toilettenpapier bekommen. Diese magische Abwechslung der Konsumgüter gebar in der Bevölkerung den dialektischen Glauben, dass das eine aus dem anderen produziert wurde, dass also Toilettenpapier der wichtigste Bestandteil der Wurst war.

Daher ging Mama mit einer gewissen Nostalgie durch ihren Supermarkt, bevor sie sich in die freiwillige Isolation vor dem Fernseher begab. Sie hat den Kopf geschüttelt und gelächelt, nicht gelacht. Wie ein altes russisches Sprichwort sagt: »Wer in der Armee gedient hat, der lacht nicht im Zirkus.« Umgekehrt gilt das ebenfalls.

Also Lockdown. Wie lange würde er dauern? Würden wir 60, 70 oder 90 Tage mit der Familie auf engem Raum verbringen, ohne arbeiten oder ausgehen zu können? Das dürfte eine Herausforderung sein. Eheleute würden sich und ihre Kinder neu kennenlernen. Viele hatten einander noch nie so lange und so oft zu Gesicht bekommen. In anderen Bundesländern verhängten die Regierungen rigide Ausgangssperren, man durfte nicht zu dritt oder zu viert anlasslos in der Gegend herumstehen. In Berlin blieb es relativ locker. Aber die Empfehlung war eindeutig. Die Menschen durften nur zum Arzt, zur Notaufnahme oder zum Einkaufen, im Ausnahmefall auch mit dem Hund spazieren gehen.

Bereits nach drei Tagen Lockdown las sich die Berliner Polizeichronik wie ein Bericht aus dem Irrenhaus. Die Ordnungshüter beschwerten sich, die Nummern der Polizeidienststelle seien permanent besetzt. Die Menschen beschwerten sich über ihre Nachbarn, sie seien zu laut, das Kindergeschrei sei unerträglich. Viele begannen plötzlich, ihre Wohnung zu renovieren oder die Möbel umzustellen, bevorzugt nachts und in den frühen Morgenstunden. Andere denunzierten ihre Nachbarn, sie würden nachts grundlos spazieren gehen. Ein Mann Ende vierzig hustete absichtlich die Polizeistreife auf der Straße an und schrie, er wolle verhaftet werden, er halte es mit seiner Mama in einer Wohnung nicht mehr aus. In einem Berliner Vorort wurde ein Mann festgehalten, der mit seinem Hund um das Haus Gassi gegangen war – acht Stunden lang. Am Hermannplatz in Wedding fuhr ein Auto eine Stunde mit vier jungen Männern im Kreis, die laut islamistische Parolen riefen. Das Auto wurde angehalten, keiner kam zu Schaden. In der Nacht vom Samstag zum Sonntag, dem 22. März, wurden neun Hauspartys aufgelöst, 22 Bars und zwei Saunas, die nachts geöffnet hatten, wurden geschlossen. Die Anzahl der registrierten Taschendiebstähle ging innerhalb einer Woche allerdings um 90 Prozent zurück.

Kapitel 3

Kids 1: Nicole

Durch den Lockdown war ganz Deutschland zu einem Experimentierfeld in Sachen sozialer Kommunikation geworden. Erst dachte man, die Alten würden ohne ihre Seniorentreffs vereinsamen, gerade sie bräuchten doch die reale Kommunikation am dringendsten. Jetzt mussten sie den ganzen Tag zu Hause vor der Glotze ausharren und waren auch noch die am stärksten gefährdete Risikogruppe. Jeder Alleingang aus dem Haus konnte für sie tödliche Folgen haben.

Jungen Menschen würden die Einschränkungen des öffentlichen Lebens eher keine Schwierigkeiten bereiten, sie wären schließlich im Internet aufgewachsen, extrem individualistisch, und ihre sozialen Kontakte fänden ohnehin hauptsächlich in Chats und Onlineforen statt. Bei ihnen erwartete man in der Mehrheit einen milden Verlauf, sie würden von Corona gar nicht viel mitbekommen. Die Jugend habe Face-to-Face-Kommunikation gar nicht mehr nötig, sie schickten einander lieber Textnachrichten. Zur Uni gingen sie nur, weil noch nicht alle Vorlesungen online gestellt wurden, und wenn sie auf Altersgenossen trafen, schauten sie einander nie in die Augen, sondern starrten die ganze Zeit auf ihre Handys. Diese Klischees über eine geistlose Jugend und gesellige Alte wurden durch die Pandemie gründlich widerlegt. Zumindest in meiner Familie kam es anders als erwartet.

Meine Mutter steht zum Beispiel voll und ganz auf digitale Kommunikation. Aus ihrer Sicht ist sie perfekt auf ältere Menschen zugeschnitten. Das Hauptproblem, das meine Mutter in voranschreitendem Alter mit der realen Welt hat, kann sie gut in zwei Worte fassen: Alles ist zu leise und zu klein. Oder zu laut und zu groß. Wenn sie mit mir spricht, versteht sie mich oft nicht, was nicht daran liegt, dass ich nuschle oder undeutlich rede. Es sind viele verschiedene Faktoren, die eine Rolle spielen. Manchmal rede ich zu schnell, manchmal ist es die Akustik. Und sie geniert sich, dauernd nachzufragen.

In der realen Welt sind Lautstärke und Bildgröße kaum steuerbar. In der digitalen Kommunikation geht das dagegen problemlos. Ob am Telefon, im Fernsehen, in der Mediathek oder am Computer, überall kann meine Mutter Bild und Ton der eigenen Wahrnehmung anpassen. Wenn sie in einem Film etwas nicht versteht, kann sie zurückspulen und sich die Passage noch einmal anhören. Die Filmdarsteller beklagen sich nicht und wiederholen ihren Text gerne für Mama. Auch mehrfach hintereinander, wenn es sein muss. So lange, bis sie jedes Wort verstanden hat.

Im russischen Rundfunk hat meine Mutter eine Lieblingssendung, die von einer klugen, schlagfertigen Frau moderiert wird. Die Frau spricht jedoch mit sehr hoher Stimme und sehr schnell. Aber selbst dafür gab es eine Lösung. Ich installierte Mama eine App, die beim Abspielen der aufgenommenen Sendung die Geschwindigkeit steuern kann wie in alten

Zeiten bei Tonbandgeräten. Mit dieser App kann Mama nun die Moderatorin langsamer sprechen lassen. Zwar dauert die zwanzigminütige Sendung in der Slow-Variante nun fast eine volle Stunde, und die Frau spricht mit der Stimme eines schwer bekifften Bassbaritons, aber es funktioniert.

Das Kulturprogramm vervielfältigte sich während des Lockdowns. Opernhäuser feierten online Premieren, Fernsehsender gaben sich Mühe mit ihren Unterhaltungsprogrammen, und von allen Freundinnen und Freunden bekam Mama Links zu neuen interessanten Sendungen und Filmen, die sie sich unbedingt ansehen sollte. Eine Versandfirma, »Die Kraft des Wissens«, die Kreuzworträtsel für Russischsprachler in Deutschland verschickte, hatte sich besonders angestrengt und alle Kunden mit einem 1000 Seiten dicken Rätselheft versorgt.

Lebensmittelvorräte brauchte Mama nicht zu horten. Alle wollten ihr helfen – ich, die Enkelkinder und die Nachbarn. Wir alle hatten im Fernsehen den Aufruf gehört, alte Menschen in ihrem Alltag zu unterstützen. Nun war unser Haus hauptsächlich von jungen Menschen bewohnt, und meine Mutter war der einzige alte Mensch in unmittelbarer Umgebung. Also hat sie von allen Nachbarn Hilfe angeboten bekommen. Mit so viel Aufmerksamkeit hatte Mama gar nicht gerechnet.

»Mir geht es gut«, bedankte sie sich bei den Nachbarn. »Ich habe unglaublich viel zu tun, danke für alles.«

Sie hat in ihrem Leben schon einiges durchgemacht. Die Evakuierung aus Usbekistan während des Zweiten Weltkrieges oder die Cholera-Epidemie in Odessa am Schwarzen

Meer. Damals wurden alle in Bauwagen eingesperrt, ohne warmes Wasser, nur mit Außentoilette. Die zeitgenössische Form der Quarantäne kam meiner Mutter dagegen wie Urlaub vor. Sie wurde ihre letzten Sorgen los, musste nicht einmal einkaufen gehen und bekam alles in die Küche geliefert.

Für die Kids wurde der Lockdown jedoch zu einer großen Herausforderung. Meine Tochter hat die Pandemie in Holland erwischt. Sie war am Internationalen Frauentag mit einer großen Gruppe mit dem Bus von Berlin nach Amsterdam gefahren, sechs Mädchen, zwei Jungs. Jim, der Freund von Nicoles Freundin Laura, sollte nach einem Jahr in Deutschland zurück nach Hause, nach Mexiko fliegen. Sein Flug ging von Amsterdam ab, also beschloss die ganze Clique, ihn dorthin zu begleiten und ein paar Tage in Amsterdam zu verbringen. Im März waren die Blumenmärkte voller Tulpen, das Wetter spielte verrückt, es war kalt, nass und warm zugleich. Eigentlich regnete es die ganze Zeit, erzählte Nicole, aber immer wieder schaute die Sonne zwischen den Wolken durch, und es wehte ein kalter Wind. Also sind sie immer wieder in Cafés und Coffeeshops gegangen und haben sich gewundert, wie teuer dieses Amsterdam war.

»In Berlin könnte man eine ganze Woche von dem leben, was man hier für zwei Bier und *Space-Kekse* ausgibt«, beschwerte sich Nicole am Telefon. »Was soll ich dir mitbringen?«, fragte sie.

»Ich weiß nicht«, sagte ich. »Was gibt es denn Schönes?«

»Tulpen«, sagte sie. »Tulpen und Marihuana.«

»Bring einfach beides mit«, sagte ich, ohne groß nachzudenken. Ich hatte gerade viel zu tun.

»Bist du verrückt, Papa? Marihuana darf man nicht nach Deutschland mitnehmen, das ist bei uns eine verbotene Droge!«

»Okay«, sagte ich, »dann bring nur Tulpen mit. Der Gedanke zählt.«

Am dritten Tag ihrer Reise bekam Laura eine SMS von ihrer Filmschule: Ein Junge aus ihrer Filmgruppe sei positiv auf Corona getestet worden, sie sei dadurch zum Primärkontakt geworden und gehöre zur Risikogruppe. Sie solle sich sofort in Isolation begeben und auf die Nachricht des Gesundheitsamts warten, wann sie zum Test gehen könne. Sie gehörte nun zu einer Infektionskette, die ermittelt werden musste. Isolation. Und wie sollte sie das anstellen, mitten in Amsterdam in einem Café?

Nach dieser Nachricht war die Stimmung endgültig im Eimer. Laura konnte über nichts anderes mehr nachdenken und reden als über ihre mögliche Infizierung.

»Wir sind nun alle eine Infektionskette, wir dürfen mit keinen anderen Menschen in Kontakt kommen!«, meinte sie.

Für das letzte Geld wurden sofort Atemschutzmasken für alle gekauft. Damit war die Urlaubskasse leer. Der mexikanische Freund wurde aus einer Zweimeter-Distanz verabschiedet, wobei das natürlich völlig sinnlos war, denn davor hatten sie die ganze Zeit rumgeknutscht. Er sah schon merkwürdig aus, dieser Abschied am Flughafen. Eigentlich gehörte der Freund ebenfalls zur Infektionskette. Wenn er das aber öffentlich gesagt hätte, wäre er möglicherweise nicht ins Flugzeug gekommen. Also ist Jim mit Atemschutz nach Mexiko geflogen, die anderen gingen sofort zum Busbahnhof.

Den ganzen Heimweg über versuchte Laura, sich in Tücher einzumotten, um keine Viren zu verbreiten, und machte alle in ihrer Umgebung sauer und verrückt. In Berlin wartete bereits die Nachricht vom Gesundheitsamt auf sie. Sie solle am nächsten Tag zum Test in die Klinik kommen und anschließend zu Hause auf die Ergebnisse warten. Es könne allerdings bis zu vier Tage dauern, bis die Ergebnisse da seien, stand in dem Brief. Also verkroch sich Laura auf den Dachboden ihres Elternhauses und reduzierte ihre sozialen Kontakte auf die Katze.

Die Amsterdam-Mitreisenden warteten ebenfalls gespannt auf Lauras Testergebnisse. In der Zwischenzeit beschlossen sie zusammenzubleiben, um ihre Infektionskette in einen geschlossenen Infektionskreis zu verwandeln, also keine anderen Menschen zu treffen.

Die ersten warmen Frühlingstage kamen nach Berlin, und der Infektionskreis ging in den Park. Dort versuchte er, sich mit Kreuzworträtseln von seinen schwarzen Gedanken abzulenken. Fliegendes Säugetier mit zehn Buchstaben, was konnte das sein?

Mit Laura hatten sie nur über WhatsApp Kontakt. Sie erzählte von ihrem Test, für den sie zwei Stunden in einer Schlange hatte warten müssen, bis sie von einer übermüdeten Krankenschwester ein Wattestäbchen in die Nase gedreht bekam. Nun blieb ihr nur abzuwarten. Sie ging mit den anderen nicht in den Park, chattete aber mit ihnen und redete ihnen ins Gewissen.

»Wie könnt ihr«, schrieb Laura, »in dieser schwierigen Zeit so leichtsinnig in den Park gehen, während ältere Menschen überall auf der Welt sterben wie die Fliegen. Möglicherweise gefährdet ihr durch euer Verhalten das Leben anderer!«

Sie ging dem ganzen Infektionskreis fürchterlich auf den Geist. Nach vier Tagen waren die Ergebnisse immer noch nicht da. Total verzweifelt rief Laura beim Gesundheitsamt an. Wahrscheinlich sei ihr Test negativ, bekam sie gesagt, deswegen habe sie auch keinen Anruf bekommen. Denn negativ getestete Personen würden nicht benachrichtigt, dafür habe das Amt keine Zeit und kein Personal. Die Menschen, die keine neue Nachricht vom Gesundheitsamt bekommen hätten, sollten davon ausgehen, dass sie den Test bestanden hätten und gesund seien. Vorläufig.

Das hat Laura wenig beruhigt. In der Zeit der Isolation hatte sie sich mit dem Gedanken angefreundet, ein möglicherweise tödliches Virus in sich zu tragen. Sie ging jetzt zwar mit in den Park, saß aber mit großem Abstand von den anderen entfernt und redete weiter laut auf sie ein, es sei krass und unverantwortlich, im Park zu sitzen, weil diese Tests unsicher seien und keine Garantie geben könnten.

Im Park wurde es immer unerträglicher. Der Amsterdamer Infektionskreis wurde von der Polizei aufgelöst, denn mittlerweile durfte man nicht mehr im Park sitzen und trinken. Die Imbissbuden verkauften nur noch Würstchen und Falafel zum Mitnehmen, sorgfältig in Alufolie eingepackt. Wer sein Essen noch vor der Bude auspackte, wurde von den Verkäufern angeschrien. Man durfte nicht im Stehen essen, nur im Gehen, und zwar möglichst weit von der Imbissbude entfernt, sonst drohten den Imbissbudenbesitzern drastische Strafen.

Der Infektionskreis hat sich also aufgelöst, alle gingen nach Hause. Es blieb nur die digitale Kommunikation übrig. Die Jugend entdeckte Skype, ein längst vergessenes Medium. Sie saßen abends vor ihren Laptops, spielten Gesellschaftsspiele und versuchten ein Stück Normalität zurückzugewinnen. Die vom Staat geforderte soziale Distanzierung gelang nur schlecht. Der Verzicht auf soziale Kontakte, die Unmöglichkeit, andere Lebende zu treffen, stürzte die Jugend in Verzweiflung. In Italien und in Spanien gingen die Menschen auf die Balkone und klatschten, um ihren Dank gegenüber dem medizinischen Personal zum Ausdruck zu bringen. In Deutschland stand bei gutem Wetter das halbe Land auf den Balkonen, und die Menschen klatschten schon, wenn sie nur jemanden auf der Straße sahen. Sie sehnten sich nach sozialer Kommunikation.

Meine Tochter beschloss, die Zeit zu nutzen, um ihre Bachelorarbeit endlich fertig zu schreiben, doch ihr fehlten die Bücher, die Fachliteratur. Die Bibliotheken waren geschlossen, das bibliothekarische Online-Angebot war unzureichend. Es fehlten ihr die richtigen Quellen, aber auch andere Studenten zum Austauschen und natürlich die Uni-Besuche.

Aber mehr noch als Freunde, Bücher und Seminare fehlte ihr erstaunlicherweise das Theater. Erst im Jahr zuvor hatte Nicole ihre Liebe zum Theater entdeckt und mich damit infiziert. Sie hatte schon früher gerne Bühnendramen gelesen, aber niemanden gefunden, der die Stücke mit ihr gemeinsam ansehen wollte. Ihre Freunde waren mehr an Clubs und Diskos interessiert, oder sie gingen gerne wandern. Das

Theater schien ihnen zu altmodisch und zu teuer. Für mich wiederum war es nur eine ferne Erinnerung an längst vergangene Zeiten.

Als junger Mann hatte ich an vielen Theaterhäusern gearbeitet und mich immer wieder gefragt, ob sich dieser gigantische Einsatz überhaupt lohnte. Der Aufwand für eine Inszenierung ist jedes Mal gewaltig, während die Aussage, die Botschaft an die Zuschauer, in der Regel sehr bescheiden ausfällt. Und selbst wenn man etwas wirklich Wichtiges mitzuteilen hat, braucht es dafür eine Bühne? Ein besonderes Licht, Dekoration, Musik? Letzten Endes sind es doch nur auswendig gelernte Texte, die von Schauspielern mehr oder weniger glaubwürdig vorgebracht werden. Und dafür müssen sie auch noch monatelang proben, damit sie nicht alle gleichzeitig, sondern der Reihe nach reden und einander nicht in die Quere kommen. Sollte ihre Aussage von so enormer Wichtigkeit sein, warum dann die Menschen nicht einfach direkt damit konfrontieren, ohne Beleuchtung und Geschrei, dachte ich. Dieser ganze theatralische Aufwand führte doch bloß dazu, dass kein von der Bühne gesprochenes Wort ernst genommen wurde. Das sind doch alles Schauspieler, denkt sich der Zuschauer. Sie spielen nur, sie meinen es nicht ernst. Also bin ich zu einem Theaterverweigerer geworden.

Dann schenkte mir meine Tochter Karten für *Onkel Wanja* im Deutschen Theater. Wir sind zusammen hingegangen und haben uns beide in Doktor Astrow verliebt. Es war eine zauberhafte Welt, bevölkert von unglaublich lustigen, eigensinnigen Menschen, die uns dieses Theater offenbarte. Es gab keine besondere Lichtregie, keine Musik und keine Kulissen, trotzdem schien das Stück alle im Saal zu verzaubern. Doch Nicole konnte keine Sekunde ruhig sitzen, sie drehte sich ständig nach links und rechts.

»Halt doch mal still, du verpasst noch die ganze Handlung«, sagte ich mehrmals zu ihr, doch meine Tochter kam einfach nicht zur Ruhe.

»Schau dir diese Menschen an, diese wunderschönen Menschen!«, flüsterte sie. Das sagte sie auch, als auf der Bühne gerade gar nichts los war. Erst nach einer Weile begriff ich, dass sie mit den »wunderschönen Menschen« gar nicht die Schauspieler meinte, sondern die Zuschauer. Es war das Theaterpublikum, das es Nicole angetan hatte. Die Menschen waren ganz anders als die, die sie in Clubs, Diskos oder im Park traf. Sie strahlten Freude und Neugier aus. Also haben wir uns weiter gegenseitig mit Theaterkarten beschenkt und sind regelmäßig unter die wunderschönen Menschen gegangen.

Für den 8. März, den Tag ihrer Abreise nach Amsterdam und drei Tage vor dem offiziellen Beginn der Pandemie, war es mir gelungen, besonders begehrte Theaterkarten zu bekommen. Das Deutsche Theater feierte eine deutsch-russische Premiere, das *Decamerone* von Regisseur Kirill Serebrennikov, der seit über einem Jahr in Moskau unter Hausarrest stand. In dieser Zeit war Kirill zum wichtigsten Kulturträger und Regimegegner des Landes aufgestiegen, zu Putins Staatsfeind Nummer 1, obwohl er sich diese Rolle nie gewünscht hatte. Sein Theater hatte sich nie als politische Botschaft der russischen Opposition verstanden. Es war eine freche, junge Theatergruppe, die sich sehr am europäischen Theater orientierte. Doch jede autoritäre Macht braucht Feinde im Inland und Ausland. Am liebsten sieht sich so ein Regime von Feinden geradezu umzingelt und im Krieg gegen die ganze Welt. Und wenn die Welt davon nichts mitbekommt, umso besser. Die Kriegshandlungen können dank der Propaganda in den Köpfen der Menschen stattfinden. Außerdem scharen sich in einem von Feinden umzingelten Land die Menschen eng um ihre Führer. Sie fragen nicht nach, warum sich der Staat nicht um die Alten und Armen kümmert – und seit über zwanzig Jahren von ein und derselben Person geleitet wird. Fragen nach einem besseren Leben sind im Krieg unangemessen, sie werden auf später verschoben.

Eine erfolgreiche Diktatur braucht allerdings auch richtig gute Feinde. Sie müssen mächtig sein, stark und kaum zu schlagen. Am besten bekommen diese Feinde es aber gar nicht mit, dass sie sich im Krieg befinden. Für die Rolle der Feinde von außen wurden Amerika sowie die gesamte westliche Zivilisation auserkoren, die Mütterchen Russland zugrunde richten wollten. Bei den Feinden im Inneren gab es jedoch arge Engpässe. Die Opposition in Russland war schwach und eingeschüchtert, sie hatte keinen Zutritt zu den Massenmedien, und kaum jemand im Land sah oder hörte sie. Es musste aber ein Feind her, der einen Namen hatte. Und so hat der Theaterregisseur Kirill Serebrennikov diese Rolle vom Staat aufgebrummt bekommen, obwohl er sie gar nicht wollte. Gegen ihn wurde wegen Veruntreuung von Staatsgeldern ermittelt. Er bekam Hausarrest, durfte das Internet aber weiter benutzen. Also inszenierte er von zu Hause aus Theaterstücke auf der ganzen Welt. Als namhaf-

tester politischer Gefangener Russlands bekam er von überall
her Arbeitsaufträge. Er inszenierte Opern und Ballette, er
inszenierte Dramen, er drehte sogar Filme, ohne seine Moskauer Wohnung zu verlassen. Er wurde zum berühmtesten
Quarantäneregisseur, noch bevor das Virus um die Welt
ging.

Speziell für das Deutsche Theater hatte er Boccaccios
Decamerone umgeschrieben. Deutsche und russische Schauspieler agierten in zwei Sprachen gemeinsam auf der Bühne.
Die Russen sprachen russisch, die Deutschen deutsch. Der
Regisseur durfte selbstverständlich nicht zu seiner Premiere
einreisen, nur seine Schauspieler kamen nach Berlin. Unter
normalen Umständen hätte ich nie Karten für diese Premiere
bekommen, doch zum Glück hatte das Theater für den Vormittag zu einer Podiumsdiskussion über die Bedeutung der
Kunst und ihre Auswirkung auf die russische Politik eingeladen. Ich durfte als Russland-Experte und Künstler auf
dem Podium sitzen und wurde dafür mit zwei Karten für die
Abendvorstellung belohnt.

Es gab zu dieser Zeit noch keine Anzeichen von Frühling,
der März pustete kalte Luft durch die Straßen. Die Russen
husteten, die Deutschen husteten aber auch. Husten ist ein
psychosomatischer Reflex, und wenn einer damit anfängt,
husten die anderen sofort mit, besonders im Theater. Alle
fragten sich, wie dieser Regisseur in seiner häuslichen Isolation die Zukunft hatte voraussehen können – eine Welt in
Quarantäne und Menschen, die einander Geschichten erzählten, teils in Sprachen, die sie gar nicht verstanden. Sie
jammerten, oder sie gaben an, und manchmal schafften sie

beides gleichzeitig. Das *Decamerone* passte zu gut in unsere Zeit.

Am gleichen Abend fuhr Nicole dann sehr spät nach Amsterdam, die russische Truppe aber blieb in Deutschland. Wegen der Quarantäne konnten sie nicht mehr zurück. Das Deutsche Theater wurde geschlossen, und Kirill Serebrennikov gab per Skype Ratschläge, wie man die Quarantäne am besten überstehen konnte. Er hatte Erfahrung, immerhin saß er schon sehr lange zu Hause.

Zwei Tage nach der Premiere bekam ich mehrere besorgte Mails von Bekannten, die ich im Theater getroffen hatte. Sie fragten, ob es mir gut ginge und ob ich noch immer husten würde.

»Danke, alles gut, ich huste nicht mehr. Und Sie?«, schrieb ich zurück.

»Wir auch nicht«, meinten sie.

Nicole kam erkältet aus Amsterdam zurück ohne Marihuana und ohne Tulpen. Eine Woche später sah ich die Tulpen dafür im Fernsehen. Sie waren zu Tausenden auf dem Müll gelandet. Die Holländer hatten sie wegwerfen müssen, weil keine Touristen mehr kamen. Das Virus spielte sein tödliches Spielchen mit uns. Es war nun überall und nirgends.

Kapitel 4

Kids 2: Sebastian

Unbemerkt kam Ostern, das Fest des Frühlings und der Liebe. Die Hasen aus Porzellan und goldbemalte Eier verstaubten dieses Jahr in den Regalen der Supermärkte, niemand wollte sie haben. Dafür waren Toilettenpapier und Desinfektionsmittel seit beinahe zwei Wochen ausverkauft. Das Robert Koch-Institut, das für die Zeit der Pandemie die Aufgaben der Bundesregierung übernommen hatte, empfahl den Menschen ausdrücklich, auf den Osterspaziergang nicht zu verzichten, weil frische Luft der Gesundheit guttue. Allerdings sei so ein Spaziergang, um eine Infektion zu vermeiden, am gesündesten ohne Begleitung und in der eigenen Wohnung zu absolvieren. Von der Küche zum Balkon und zurück.

Meine Mutter, die sehr auf sich aufpasste und neuerdings sogar zum Lesen eine Tasse mit Wasser neben das Buch stellte, um ihre Finger zum Umblättern nicht anlecken zu müssen, ging trotz dieser Warnung im nahen Park spazieren, hielt jedoch zu jedem Menschen und jedem Baum zwei Meter Abstand. Ich genoss die Sonne auf dem Balkon. Und mein Sohn hatte ein erstes Date. Ich habe es auf Umwegen herausbekommen, er erzählt mir nämlich schon seit Langem

nichts mehr aus seinem Privatleben. Er weiß, dass Schriftsteller nichts für sich behalten können. Jedenfalls hatte er
nach einer langen Zeit als Single plötzlich die Vorzüge der
Zweisamkeit schätzen gelernt. Vom Alleinsein hatte er ohnehin genug, nachdem alle seine Freunde das Kontaktverbot
akzeptierten, brav in ihren WGs oder bei den Eltern blieben
und nur noch digital miteinander kommunizierten. Dabei
waren all diejenigen, die sich vor dem Ausbruch der Pandemie eine Freundin zugelegt hatten, deutlich besser dran. Sin-
gles hatten die Arschkarte gezogen. Wie sollte man in Zeiten
der Kontaktsperre auf zwei Meter Abstand jemanden kennenlernen? Außerdem war eine Freundin keine Katze, die
man sich aus Langeweile mal eben zulegte. Es gehörte schon
Liebe dazu, sonst konnte der Traum von der Zweisamkeit
schnell zum Albtraum werden.

Einige Wochen vor Ostern hatte mein Sohn jemanden
digital kennengelernt, die ihm entschieden gut gefiel. Damals
hatte es noch keine Ausgangssperre gegeben, also war ein
Treffen theoretisch möglich. Man musste bloß einen passenden Ort finden, um sich zu verabreden. In Zeiten von Corona
ein Date zu organisieren war allerdings auch ohne Ausgangssperre äußerst schwierig. Die Clubs streamten nur, Cafés und
Kinos waren geschlossen, an Imbissbuden durfte man nicht
länger stehen bleiben, und Parks wurden von der Polizei ge-
räumt, etliche waren sogar abgesperrt. Und ein erstes Date
gleich zu sich nach Hause einladen ging einfach nicht. Was
blieb? Man konnte zusammen einkaufen gehen oder zur Apo-
theke, man konnte auf Dächern sitzen, durch die leeren Straßen schlendern, Falafel und Bier kaufen, mit der S-Bahn nach

Französisch Buchholz fahren und dort unter der Eisenbahn-
brücke Bierflaschen leeren und dann im Wald spazieren gehen. Am nächsten Tag war der Sohn spät wach und gut drauf.
Sein Date war also trotz der Umstände nicht schlecht gelaufen.

Eigentlich ging es ihm sowieso gut, er hatte sein Leben
während des Lockdowns nicht wirklich groß umstellen müssen, weil er bereits vor der Pandemie viel Zeit zu Hause verbrachte. Nach dem Abitur hatte er er in einem kleinen
Kreuzberger Theater gearbeitet und ein wenig Gartenbau-
wissenschaften studiert, beides jedoch abgebrochen und ein
Jahr darüber gegrübelt, was er werden wollte und ob er überhaupt studieren sollte. Er hatte da seine Bedenken. Er war
nicht davon überzeugt, dass die Welt da draußen sehnsüchtig
darauf gewartet hatte, dass er loslegte. Außerdem war die
Musik, die er gerne hörte, nicht gerade die geeignete Inspi-
ration, um nach gutbürgerlichen Mustern zu handeln. Und
Musik war in diesem Alter ein wichtiger Wegweiser.

Mich erinnerte sein Grübeln an meine eigene Jugend.
Damals vor dreißig Jahren waren unsere Helden allesamt
Menschen mit langen Haaren und E-Gitarren. Sie stellten
sich außerhalb der Gesellschaft, sie besangen das Außensei-
tertum und wollten sich auf gar keinen Fall in staatlich ver-
ordnete Hierarchien eingliedern. Sie ignorierten die sowjetische Ideologie, aber auch jegliche materiellen Werte. Sie
wollten nicht wie die Parteibonzen schwarze Wolgas fahren
und Kaviar löffeln. Sie besangen das freie Leben in der Natur.

Die Lieblingsmusiker meines Sohnes sehen ganz anders
aus. Es sind in der Regel etwas molligere Jungs in Trainingsanzügen und Basecaps die viel Schmuck im Gesicht und am

Hals tragen, keine Instrumente spielen, aber dafür viel Text auswendig lernen können und gerne über Gott und die Welt schimpfen. Sie besingen das reiche Leben, doch auch sie sind eigentlich nonkonformistisch. Gewiss, sie wollen fette Schlitten und teuren Schmuck besitzen, aber dafür mit der eigenen Versklavung bezahlen? Nein, danke. Wenn überhaupt, dann wollen sie nicht durch die Paradetür in diese Welt des spießbürgerlichen Glückes eintreten, sondern über den Hinterhof, rauf auf die Feuerleiter und rein in die Küche. Sie glauben, je lauter und schneller sie über die anderen lästern, je schärfer sie sich beklagen, umso sicherer wird ihre Abkürzung zum Glück sein.

Interessanterweise funktioniert dieses Schema bei vielen Musikern dieses Genres tatsächlich. Und jeder Rapper, der denkt, er habe es endlich geschafft, schreibt sofort seine Memoiren über eine schreckliche Kindheit im ärmsten Ghetto der Welt. Seine Mama war alleinerziehend, die Nanny drogenabhängig, sein Spielzeug hat er auf dem Müll gefunden, die erste Liebe in der Kabine der öffentlichen Toilette. Je schlimmer die Kindheit, umso cooler der Rapper und umso größer seine Chance, später reich und berühmt zu werden, so war mein Eindruck.

Mein Sohn hatte schlechte Karten, zu dieser Szene Zutritt zu bekommen. Ihm fehlte einfach die schlimme Kindheit im amerikanischen Ghetto. Er versuchte nun im Nachhinein daran zu basteln und erzählte gerne, wie er erst im Ostberliner Kindergarten mit gekochtem Spinat und der Pflicht zum Mittagsschlaf gefoltert wurde und dann zu Hause mit Omas russischer Küche und ihren gefüllten Paprikaschoten und

Rote-Bete-Suppen. Doch das Schlimmste war die Schule, das berühmt-berüchtigte Sprachgymnasium mit Latein als Schwerpunkt. Dort war er jahrelang von seinen Lateinlehrern gemobbt worden – auf Latein. Und nur er allein. Das ganze Lehrerkollektiv hatte es auf ihn abgesehen, ihm schlechte Noten gegeben und ihn mit unmöglichen Hausaufgaben bombardiert. Sie quälten ihn auf jede erdenkliche Art, als hätten sie einen Geheimauftrag der Rapper-Industrie bekommen, seine Kindheit zu vergiften, damit er später zu einem richtigen Rapper aufsteigen konnte.

Doch diese Kindheit gab trotz aller Bemühungen für gute Beats nicht genug Stoff her. Deutschland war nicht Amerika, Kinder genossen hier einen besonderen Schutz. Teenager kifften auf der Straße und auf dem Schulhof, als wäre es erlaubt. Worüber sollten sie dann noch rappen, wenn sie älter wurden? Über den blöden Spinat? Über schlechte Noten im Lateinunterricht? Der Weg in die Musik war versperrt.

Zum Glück hatte mein Sohn auch andere Interessen. Er mochte die vier Ks: Kraftsport, Katzen, Kochen und Kunst. Er wollte Filme machen, und zumindest das Video-Schneiden gelang ihm schon gut. Irgendwann war er kurz davor, sich an einer Filmschule zu bewerben. Natürlich hatte er Angst, ausgelacht und nicht als kunsttauglich anerkannt zu werden. Also gab er sich große Mühe mit der Vorbereitung seiner Kunstmappe. Anfang März war er endlich so weit. Dann kam Corona. Alle Bildungseinrichtungen schlossen – die Kindergärten, Schulen, Universitäten. Seine Schwester konnte ihre fast fertig geschriebene Bachelorarbeit im Fach Gender Studies nicht zu Ende bringen, weil sie in keine Bibliothek mehr kam.

Die Menschheit hatte anderes zu tun, als neue Gender-spezialisten oder Künstler auszubilden. Überall erkrankten und starben Menschen, sogar die Bundeskanzlerin kam in Verdacht, infiziert zu sein. Sie begab sich in der eigenen Wohnung in Quarantäne und rief von dort aus die Bevölkerung, vor allem die Jugend, auf, sich ebenfalls in ihren Wohnungen zu verkriechen und keine Corona-Partys zu veranstalten. »Die Infektionsketten müssen unterbrochen werden!«, sagte sie in ihrem Podcast.

Der Sound der Stadt verlagerte sich von den Clubs und Festivals in die sozialen Netzwerke. Im Netz veranstalteten weltberühmte Rapper Corona-Wettbewerbe: Wer von ihnen sang am lustigsten und coolsten über die Pandemie und die Zeit des Lockdowns? Meinem Sohn ging das Thema »Lockdown« schon bald auf die Nerven.

»Ich kann auch keine Witze über Toilettenpapier mehr hören, das ist nicht lustig!«, beklagte er sich am Telefon. Seine Freunde, vor allem solche, die eine Freundin hatten, nahmen die Botschaft der Kanzlerin ernst und isolierten sich mit ihren Freundinnen und Mitbewohnern. Bei sich zu Hause feierten all diese Künstler und Musiker nun ununterbrochen Corona-Partys, tranken jeden Abend und machten lustige Musik, ohne Sebastian einzuladen, weil die Infektionsketten ja unterbrochen werden mussten. Er fühlte sich wie ein falsches, überflüssiges Glied in dieser Kette. Im Fernsehen stritten unterdessen Psychologen darüber, wie man sich in der Isolation richtig verhielt. Die einen sagten, man solle die Zeit in der Quarantäne nutzen, um seine Disziplin und Produktivität zu steigern. Die anderen behaupteten, das wäre genau der falsche Schritt. Sich in der Isolation mit Arbeit zu überfordern könne schnell zu noch mehr Stress und stärkerer Verzweiflung führen. Also sich lieber entspannen und nichts tun, dem Begriff Freizeit auf den Grund gehen und sich frei-machen, sich lossagen von allen Verpflichtungen des Alltags und der Arbeitswelt.

Mein Sohn beschloss, beide Varianten auszuprobieren. In dieser neuen Freizeit begann er alles zu tun, wofür er in sei-ner alten Freizeit nicht genug Zeit hatte. Er trieb zu Hause Sport mit Gewichten und bekam einen ordentlichen Mus-kelkater. Zwei Tage lang ging das gut. Am dritten Tag be-kam er Besuch vom Nachbarn unter ihm, der ganz rot im Gesicht war und ihn anschrie, wenn er nicht sofort aufhöre, schwere Sachen auf den Boden zu schmeißen, rufe er die Polizei. Der Nachbar hatte sich anscheinend für die zweite Quarantäne-Variante entschieden und brauchte absolute Ruhe.

Vom Sport wechselte Sebastian zu Netflix, stellte jedoch schnell fest, dass er in seiner alten Freizeit bereits alle Filme und Serien gesehen hatte. Netflix war völlig unvorbereitet in die Pandemie gestolpert und hatte nicht genug Neues auf Lager.

Dann wurde ein Freund von Sebastian krank. Es hatte ihn gemeinsam mit seiner Mutter erwischt, die beiden brauchten Hilfe. Sebastian ging für sie einkaufen und stellte ihnen die Tüten mit Nahrungsmitteln vor die Tür. Eine andere Freun-din von ihm hatte Angst, mit ihrem Hund die verseuchte Welt da draußen zu betreten. Sebastian übernahm die Hundespaziergänge. Er kümmerte sich auch um seine Katze und um hilfsbedürftige Mitmenschen, trotzdem hatte er das Gefühl, sein Leben sei zum Stehen gekommen. Es entwickelte sich nicht weiter.

Ich saß auf dem Land in der Datscha und versuchte keine Nachrichten mitzubekommen. Es gelang mir nicht. Aus jedem Bügeleisen konnte man hören, die Welt sei endgültig eine andere geworden und werde nie wieder so sein wie früher. Es war noch unerträglicher als Toilettenpapierwitze. Denn wie die Welt auch sein mochte, wir waren doch dieselben geblieben. Ich hatte zum Beispiel nicht vor, mich zu verändern. Ich wollte weiter lustige Geschichten schreiben. Sollte dieser Lockdown jemals vorbei sein, würden wir, die wie früher geblieben waren, auch die Welt wieder zu der machen, die sie vorher war: laut, bunt und lustig.

In einem Lockdown kommt man auf die verrücktesten Ideen. Ich zum Beispiel hatte schon immer den Traum, irgendwann einmal Rapper zu werden. Ich wollte eine Band gründen und Songs für ältere Menschen schreiben, in denen nicht zu schnell gerappt wurde, sondern langsam und deutlich. Jede Zeile sollte nach Möglichkeit zwei bis drei Mal wiederholt werden, damit sie auch wirklich jede/r verstand. Jetzt im Corona-Modus war genau die richtige Zeit, damit anzufangen.

Mein Freund Yuriy, ein großer Musiker und DJ, hatte ebenfalls nichts zu tun. Er war nur damit beschäftigt, bei der Stadtverwaltung Anträge auf finanzielle Hilfen für freischaffende Selbstständige zu stellen. Er war mäßig erfolgreich. Sein Antrag trug die Nummer 50.000 und noch was. In Berlin wimmelte es geradezu von Freischaffenden, es gab hier sehr viel weniger Infizierte als selbstständige Künstler in Not. Bei mir waren bis Ende April alle Termine ausgefallen. Und mein Sohn hatte außer dem Date, dem Schmusen mit seiner Katze und Spazierengehen mit dem fremden Hund nichts zu tun. Er konnte für uns ein Musikvideo schneiden.

Als Erstes habe ich den passenden Namen für die Band gefunden: *Kaminer & Die Antikörpers.* Unseren ersten Hit nannten wir »Bleib zu Hause, Mama«. Dafür habe ich meine Mutter gefilmt, wie sie auf dem Balkon auf einem Kinderklavier spielt, Kreuzworträtsel löst und Schach spielt. Sebastian schnitt ein großartiges Musikvideo dazu und schimpfte, ich hätte ihm zu wenig Material zur Verfügung gestellt.

Pack die Koffer, Liebes,
Wir fahren aufs Land,
Wir halten zu dem Virus
Gesunden Abstand!
Pack die Koffer, Mama,
Wir fahren aufs Land,
Spätestens im Juli
Liegen wir am Strand!

Das war gelogen. Mama fuhr nicht aufs Land. Sie blieb zu Hause vor dem Fernseher. Aber »Land« reimte sich gut auf »Abstand«.

Wir haben das Video auf YouTube gestellt, und Tausende haben es sich angesehen. Vom Erfolg beflügelt schrieb ich gleich das zweite Lied, diesmal an die Jugend gerichtet:

»Verlasse nicht den Raum.« Wir filmten bei Sebastian in der Wohnung und taten alles, was man auf dreißig Quadratmetern machen konnte, ohne ausgehen zu müssen. Wir hopsten auf dem Bett, schauten uns Kung-Fu-Filme an, und ich legte mich sogar angezogen in die Badewanne.

Du kannst den Tango in der Küche tanzen,
Schließt mit dem Kühlschrank nützliche Allianzen,
Du lernst die Sprache von Spinnen und Pflanzen,
Klatschst auf dem Balkon dem Ruf der Ambulanzen,
Beim Händewaschen Happy Birthday singen (zwei Mal),
Auf dem Bett wie Champions hochspringen,
Mit deinem Fernseher laut schimpfen,
Die Katze gegen das Corona-Virus impfen!
Verlasse nicht den Raum,
Die Sache lohnt sich kaum,
Dein Husten ist Albtraum,
Verlasse nicht den Raum!

Das zweite Lied hat uns noch mehr Likes eingebracht. Vor allem aber hatten wir alle das gute Gefühl, etwas Wichtiges getan zu haben. Ich fühlte mich wie Leonard Cohen in seinen besten Jahren, und Sebastian hat während des Lockdowns mehr Musikvideos geschnitten als in seiner Freizeit davor.

Aus heutiger Sicht finde ich die Songs nicht wirklich herausragend. »Du lernst die Sprache von Spinnen und Pflanzen, klatschst auf dem Balkon dem Ruf der Ambulanzen.« So etwas kann man wirklich nur im Lockdown schreiben. Ein Freund von mir, ein Webdesigner, hat übrigens im Lockdown tatsächlich einen sehr engen Kontakt zu der Spinne entwickelt, die über seinem Bett mit einem Netz beschäftigt war. Er behauptete sogar, mit der Spinne ins Gespräch gekommen zu sein und sie gut verstehen zu können.

»Was hat sie dir denn erzählt?«, fragte ich.

»Erstaunlich, aber wahr – wir sind Kollegen«, meinte mein Freund: »Sie ist genau wie ich als Webdesignerin tätig.«

Kapitel 5

Das stille Leben in Brandenburg

In jedem Land ist der Glaube stark, alles Böse komme aus dem Ausland. Die eigenen Schurken und Verbrecher sind nur halb so schlimm, denn irgendwie gehören sie zur Familie. Die Fremden aber werden als Vorboten des Untergangs wahrgenommen, egal ob es sich um Menschen, Tiere, Vögel oder Viren handelt. Zum Glück entwickelt sich die Fremdenangst wie das Kinderspiel »Die Reise nach Jerusalem«: Es ist immer nur ein Stuhl, der fehlt, niemals zwei. Die Neuankömmlinge müssen so lange die Rolle der bösen Buben spielen, bis die nächsten kommen. Dann sind die alten Neuen aus dem Schneider. Als Russlanderklärer wurde ich ein Jahrzehnt lang in Deutschland mit Fragen über die russische Mafia konfrontiert, über meine Landsleute, die nicht Deutsch lernen wollten und angeblich die deutsche Kriminalstatistik besonders stark bereicherten.

Die Russen hatten die Türken abgelöst, die vorher jahrzehntelang als amtliche Angstmacher für die Überfremdung des Abendlandes zuständig gewesen waren. Mit Beginn der Flüchtlingswelle aus Syrien, dem Irak und Afghanistan waren dann plötzlich die Russen kein Thema mehr. Die Neuankömmlinge ersetzten sie in der Rolle der bösen Buben. Auf der Welle der ausländerfeindlichen Ressentiments entstand eine rechte Partei, die behauptete, die Bundesregierung habe die deutschen Grenzen für die Flüchtlingsströme aus Schadenfreude absichtlich geöffnet und das Land für die Überfremdung freigegeben. Diese Partei bekam immer mehr Wählerstimmen und stand kurz davor, in einigen Bundesländern mitregieren zu dürfen. Die deutsche Demokratie sei in Gefahr, titelten die Zeitungen.

Nichts und niemand konnte diese rechte Partei auf ihrem steilen Weg nach oben aufhalten, bis eines Tages eine chinesische Frau aus Wuhan eine Fledermaus aß. Sie bekam eine Virusinfektion, und die Viren aus China kamen schließlich bis nach Deutschland, wo sie sich als viel schlimmerer Feind entpuppten als die armen Syrer und Iraker. Die Viren waren unsichtbar, angeblich überall und hochansteckend. Sie konnten mit jedem Menschen und jedem Tier einreisen, sie hatten überhaupt keine Probleme mit Grenzkontrollen. Die rechte Partei überlegte kurz einen neuen Programmpunkt – »Für ein virusfreies Deutschland« –, doch das war nicht realisierbar. Einheimische Virologen erzählten, jeder Mensch sei von Natur aus Virensiedlungsgebiet, jeder Quadratmillimeter unserer Haut sei mit ihnen bedeckt. Wir schlenderten wie wandernde Virenteppiche durchs Leben, und keine Partei könne das ändern.

Diese Information kam für viele Bürgerinnen und Bürger unerwartet und traf sie hart. Die Erkenntnis, nie allein im eigenen Körper zu sein, sondern ständig besetzt von Mikroorganismen aller Art, die in unserem Inneren sogar ein gemütliches Leben führten, raubte vielen den Schlaf. Der amerikanische Präsident wandte sich an sein Volk mit dem Aufruf, Desinfektionsmittel zu trinken. Diese Flüssigkeit töte alle Bakterien und Viren auf der menschlichen Oberfläche, sie könne bestimmt auch die Viren im Menschen töten, meinte der Präsident. Wissenschaftler und Waschmittelhersteller waren sich mit dem Präsidenten nicht einig.

»Der Vorstoß unseres Präsidenten verrät einen Idealisten und einen Romantiker«, sagte der Vorsitzende des Krisenstabs zur Bekämpfung der Pandemie. »Es wäre schön, wenn es so einfach wäre.«

»Okay. Wir wissen nicht sicher, ob es hilft«, korrigierte sich der Präsident, »aber versuchen kann man es doch trotzdem.«

Dem Ruf des Präsidenten folgend tranken amerikanische Patrioten daraufhin Kloreiniger, was ihnen gar nicht gut bekam. Der Präsident meinte, man solle keine Angst vor Niederlagen haben: »Sicher wird es in diesem Kampf Rückschläge geben, doch wir kneifen nicht und bleiben am Ball!« Er habe auch noch viele andere Ideen.

In Deutschland hatte die Bundesregierung keine besonders originellen Ideen zur Zähmung der Viren. Die Empfehlungen der Mediziner und die Lösungen der Politiker sorgten für noch mehr Verwirrung. Hände waschen und Grenzen schließen, von allen Lebewesen Abstand halten, sich nicht ins Gesicht fassen und auf weitere Anweisungen warten, lautete die Botschaft. Die Menschen wandten sich mit all ihren Fragen daher an die diversen Virus-Hotlines: Durfte man ein Treppengeländer ohne Handschuhe anfassen? Durfte man die Katze streicheln? Konnten Nachtigallen beim Singen spucken? Sollte man die Klobrille besser vor oder nach dem Toilettengang putzen? Diese besonders gefährlichen Viren waren neu, doch die Reaktion der Menschen blieb die alte: sich abschotten, noch mehr Grenzen dichtmachen, auch dort, wo es früher gar keine gegeben hatte.

Die Sache mit den Grenzen stieß auf allgemeines Verständnis. Die Außengrenzen wurden bereits seit März kontrolliert, da hatte die Bundesregierung schnell reagiert. Die regionalen Politiker wollten diesem Beispiel folgen und suchten eifrig nach weiteren Grenzen, die noch nicht geschlossen waren. Schleswig-Holstein und MeckPomm beschlossen als Erste, unter sich zu bleiben, und schickten Polizeipatrouillen auf die Straßen. Die deutschen Inseln verhängten strenge Quarantäne. Einige Städte und Gemeinden ließen ebenfalls die Schranken herunter. Bei uns in der Ostprignitz verhängte der enthusiastische Landrat eine Einreisesperre, damit keine Berliner über Ostern auf die Idee kamen, ihre verseuchte Metropole zu verlassen und hierherzukommen. Man hatte in Berlin circa 0,3 Prozent der Einwohner positiv getestet, wobei die wahre Zahl der Infizierten auf das Doppelte geschätzt wurde. Also sollten alle schön brav unter sich bleiben, erklärte der Landrat. Wenn alle blieben, wo sie waren, und Abstand zueinander hielten, dann werde es keine neuen Infektionen geben, so die Logik des Landrates. Und wenn alle gesund wären, dürften sie mit einer entsprechenden medizinischen Bescheinigung und einer ärztlichen Erlaubnis vielleicht wieder in die wundervolle Tourismusregion Ostprignitz.

Das Einreiseverbot sollte natürlich nicht für alle gelten,

sondern nur für Menschen, die unsere Region ohne triftigen Grund aufsuchen wollten. Das war schon schlau formuliert, denn einen wirklich triftigen Grund, diese Gegend zu besuchen, konnte es gar nicht geben. Hier war ja nichts los. Wenn überhaupt ab und zu Menschen durch die Landschaft schlenderten, dann taten sie es ohne einen triftigen Grund, einfach so.

Der landesweite Lockdown hat das Leben der Brandenburger nicht stark verändert. Ihre Tagesordnung blieb vollständig erhalten, und die Menschen auf dem Land bildeten auch keine Infektionsketten, da sie die meiste Zeit ihres Lebens unter sich blieben. Sie hatten auf ihren Höfen genug zu tun und fuhren auch nicht nach Italien in Urlaub. Sie hielten Hühner, manche auch Kaninchen, standen früh auf, um ihre Tiere zu füttern, die Pflanzen zu gießen, um zu pflücken, zu sägen und zu hacken, und abends gingen sie früh schlafen. Der Abstand zu anderen wurde auf ganz natürlichem Weg eingehalten, da musste sich niemand anstrengen. Selbst Gaststätten waren hier eigentlich nur Attrappe, für Rad- und Motorradfahrer gedacht. Das Haus des Gastes in Seebeck hatte gleich zu Beginn der Pandemie zugemacht. Es war aber auch vor Corona nur freitags geöffnet, sodass kaum jemand im Dorf die kleine Veränderung bei den Öffnungszeiten bemerkte. Das Stadtcafé im Familienbetrieb hängte ein Plakat auf, demzufolge bitte nicht mehr als zwei Personen gleichzeitig den Laden betreten sollten. Ich habe dort auch früher nie mehr als zwei Personen gleichzeitig gesehen, wobei die eine Person der Wirt selbst war und die zweite ich.

Als Kulturprogramm haben Brandenburger den Blick auf weites Feld. Jeden Sonntag sitzen meine Nachbarn Helmut und Elsa in ihrem Garten auf Plastikstühlen und starren auf das Feld. Sie sind zusammen gefühlt 200 Jahre alt. In der Stadt würden sie zur Risikogruppe zählen, hier im Dorf sind sie nicht einmal alt. Das Feld ist dieses Jahr besonders schön knallgelb und glänzt in der Sonne. Vorletztes Jahr hatten wir Weizen, letztes Jahr Mais, nun ist Raps an der Reihe.

»Na?«, fragte mich Helmut, wenn ich an seinem Garten vorbeiging. »Was ist?«

Das ist eine typische Brandenburger Begrüßung, die reges Interesse am Leben anderer Menschen zum Ausdruck bringen soll.

»Na, schön gelb«, nickte ich und zeigte aufs Feld.

»Gelb ist schön gelb«, bestätigte mir Elsa. »Bald ist der Raps verblüht, dann ist es da grün«, ächzte sie.

»Das Gelb wird uns fehlen. Grün ist aber auch schön«, sagte Helmut.

»Aber gelb ist schöner«, meinte seine Frau.

Die Menschen im Dorf schauen natürlich auch Nachrichten. Sie wissen Bescheid über die Weltkrise, über den sinkenden Ölpreis und dass die Chinesen jetzt alle Fledermäuse vernichten, als würden die Tierchen Schuld haben am menschlichen Versagen. In Brandenburg fühlten sich die Vierbeiner, Vögel und Pflanzen im Jahr der Pandemie besonders wohl. Sie flogen, krabbelten oder schwammen hin und her, erkennbar ohne einen triftigen Grund.

Mein Nachbar Mathias und ich waren kurz vor Ostern mit dem Boot hier herumgefahren. Um die Zeit waren schon alle Ausländer da, und ich meine damit nicht die Höcker-schwäne, die nur so aussehen, als kämen sie von weit her, sondern die Kraniche aus Frankreich, der Türkei und aus Ungarn. Ursprünglich kommen sie, glaube ich, aus Schwe-den, sie machen hier nur Rast. Die Störche und Schwalben aus Afrika sollten erst Ende des Monats kommen, wenn die Insekten da wären. Die bereits eingeflogenen Stare und Nachtigallen aus Italien wurden nicht in Quarantäne ge-schickt, ihnen wurde nicht einmal Fieber gemessen. Die meisten Vögel hielten sich außerdem nicht an Kontaktver-bote und Ausgangssperren, sie blieben nie lange an einem Ort. Nur die Tauben und die Spatzen waren wahre Patrioten.

Kapitel 6

Russland

Die neue Zeit erfordert auch eine neue Sprache. Wir haben jetzt Corona-News, Corona-Zahlen und Corona-Partys, die Bundesregierung hat sich in Corona-Kabinett umbenannt. Nach vier Wochen Lockdown begann das Corona-Kabinett langsam über die Lockerungen der Maßnahmen nachzudenken. Vielleicht sollten die Kinder wieder in die Schule, Erwachsene zur Arbeit gehen? Natürlich nicht alle auf einmal, sondern versetzt nach und nach, mit Maske und einem gesunden Abstand zueinander? Auch die Nationale Akademie der Wissenschaften Leopoldina hat es empfohlen. Die Mehrheit der Deutschen hingegen war damit nicht einverstanden. Die Bürger forderten die Regierung auf, keine Lockerungen der Corona-Maßnahmen zuzulassen. Wir hatten uns gerade an die strengen Regeln und harten Beschränkungen gewöhnt, uns dem neuen Leben angepasst. Alle, sogar der Bundespräsident, hatten unisono die Meinung vertreten, das Leben würde nie wieder wie vorher sein. Und was jetzt? Wieder schuften gehen? Wer war diese Leopoldina überhaupt, dass sie uns solche unausgewogenen Empfehlungen erteilte?

Die Mehrheit der Büroarbeiter und Angestellten hatte

sich im Homeoffice gut eingelebt und war zu dem Schluss gekommen, dass ihre frühere ständige Anwesenheit im Büro eigentlich vollkommen überflüssig und nicht notwendig gewesen war. Die Schüler hatten sich mit dem Schicksalsschlag, nicht mehr in die Schule gehen zu dürfen, ebenfalls abgefunden. Es war natürlich eine harte Herausforderung für alle, aber die Mehrheit der jungen Menschen meinte, im Online-Unterricht könnten sie sogar besser mit den Lehrern kommunizieren. Die Lehrer allerdings beschwerten sich, dass sie immer öfter unrasierte, eindeutig alkoholisierte Elternteile in Unterhosen im Hintergrund sehen würden.

»Bitte, lasst alles, wie es ist, oder seid noch strenger! Wir machen alles mit, wir werden uns auch nie wieder ins Gesicht fassen!«, so die gesellschaftlich vorherrschende Meinung.

Einige Lockerungen wurden von der Bevölkerung wohlwollend aufgenommen: wieder in Parkanlagen auf dem Gras sitzen zu dürfen, Fahrradtouren nach Brandenburg unternehmen zu können und – mit sicherem Abstand, versteht sich – im Schatten der Bäume am See zu liegen, das wäre noch machbar. Aber viel mehr sollten wir uns in der derzeitigen Situation nicht trauen. Jetzt die ganze Wirtschaft hochzufahren wäre glatter Selbstmord. Dann hätten wir sofort eine zweite Welle. Baumärkte zu öffnen wäre okay. Und im Mai könnten vielleicht auch Frisöre langsam wieder aufmachen, sonst hätten wir bald überhaupt keine Blondinen mehr in Deutschland. Auch der Bundespräsident hatte ja in seiner Ansprache betont, die Welt werde nie mehr wie früher sein. Also nie wieder schuften gehen, nie wieder die Schule von innen sehen und in engen Klassen nebeneinandersitzen.

Wir sollen uns also bitte langsam mit dieser neuen Realität anfreunden. Die wirtschaftlichen Engpässe und die soge- nannte »Verarmung der Bevölkerung« könnten dadurch aus- geglichen werden, dass viele Waren und Produkte des täg- lichen Bedarfs künftig gar nicht benötigt würden. Zum Beispiel ordentliche Hosen. Und Schuhe. Selbst Personen des öffentlichen Lebens wie Politiker, Künstler und Virolo- gen wurden bei ihren öffentlichen Auftritten nur bis zur Tischkante gezeigt, der Rest blieb darunter verborgen. Voll- kommen überflüssig wären künftig auch Koffer, Reiseta- schen und andere Reisebedarfsartikel. Wir durften sowieso nicht mehr verreisen, die Grenzen waren dicht, und das Aus- land sah im Übrigen ohnehin nicht einladend aus. Amerika, Asien, Europa – überall war die Kacke am Dampfen. Außer in Nordkorea und Weißrussland. Aus diesen Ländern war kein Pieps, nicht einmal ein Husten zu vernehmen, was aber auch misstrauisch machte.

In der autonomen tschetschenischen Republik hatte der Präsident die Grenzen geschlossen und gedroht, jeden mit Corona Infizierten als Terroristen einzustufen, der die Sicher- heitslage der Republik gefährde. Jeder, der sein eigenes Wohl über das der Allgemeinheit stelle, sei ein Egoist und ein Ver- räter, erklärte der Präsident. Das zeigte Wirkung. Die Kran- kenhäuser in Tschetschenien standen leer. Die Menschen husteten zu Hause in den Ellenbogen, auch für sie hatte die Sicherheit der Republik Priorität. Im restlichen Teil Russ- lands war man sich über das Handeln des tschetschenischen Führers uneinig. Darf der das? Dürfen wir es vielleicht auch?, fragten sich die Gouverneure in den anderen Teilen des großen Landes. Alle Augen waren auf Moskau und den Kreml gerichtet. Doch der Kreml schwieg. Es gab auch in Russland keinen Plan für die Pandemie.

Lange Zeit hatte man aus Moskau abschätzig auf die kränkelnde Welt geschaut und sich über diesen Eiertanz der Europäer sogar lustig gemacht: »Die EU zeigt ihre Ohnmacht angesichts der Influenza«, hieß es. Die europäischen Maßnahmen fanden die Russen inkonsequent und widersprüchlich. Was war das für eine halbherzige Quarantäne? Man solle das Haus nicht verlassen, aber wenn es wirklich notwendig war – dann bitte schön.

Wenn man Husten und Fieber hätte, solle man nicht gleich ins Krankenhaus gehen, sondern seinen Arzt bzw. Apotheker kontaktieren oder einfach zu Hause bleiben, hieß es in Russland. Ja, es starben viele Menschen, man musste aber keine Angst haben, dem Virus zum Opfer zu fallen. Die Krankenhäuser wären gut gerüstet, es fehlten lediglich medizinische Geräte und Personal. Es gab viele Symptome, die meisten kränkelten aber symptomfrei. Das Wichtigste war: Hände waschen und Masken tragen. Die schützten zwar nicht, aber besser mit als ohne.

Als Alternative hatte man sich die chinesische Variante im Fernsehen angesehen. Volkspolizisten in Schutzanzügen schweißten Türen und Eingänge der Wohnhäuser zu, wenn sich in dem Gebäude Infizierte befanden. Wer das überlebte, hatte eine Freikarte in die virusfreie Welt. Wer nicht, der hat Pech gehabt. Die vorherrschende Meinung in Russland war sowieso, zu ihnen würde das Virus nicht kommen. Der viel beschäftigte Präsident nahm sich trotzdem Zeit, um zu seinem Volk zu sprechen, drückte sich dabei aber, wie so oft in letzter Zeit, kryptisch aus:

»Viele Feinde haben versucht, unser Russland zu unterwandern, die Petschenegen und die Polotschanen. Doch wir wurden mit allen fertig. Ein kleines Virus wird uns nun auch nicht in die Knie zwingen.« Die Menschen wussten zwar nicht, wer diese perversen Petschenegen und Polotschanen waren und wieso sie versucht hatten, uns zu unterwandern. Aber im Großen und Ganzen unterstützten sie ihren Präsidenten in seinem Optimismus. Für alle Fälle stellte das Volk aber noch ein eigenes ABC-Selbsthilfe-Set zusammen, sollte die Pandemie sich tatsächlich bis nach Russland wagen.

Das russische ABC lautete folgendermaßen:

A wie Alkohol: Die in vielen Selbstversuchen erlangte Erfahrung besagte, dass starker Alkoholgenuss half. Er verschloss irgendwelche Rezeptoren, durch die das Virus in den Menschen eindringen will.

B wie Banja: Ab 42 Grad Celsius starben Viren angeblich, deswegen war regelmäßiges Saunieren eine gute Idee, um sich von außen zu desinfizieren. Die Innentemperatur des Körpers wurde durch die Sauna zwar nicht beeinträchtigt, für die innere Desinfektion war aber ohnehin Punkt A zuständig.

C wie Vitamin C: Vitamine halfen immer. Viel Vitamin C half auch zur Corona-Vorbeugung und war unabdingbar für einen milderen Verlauf.

Im Übrigen machte sich in Russland der Glaube breit, die alte sozialistische Pockenimpfung, die allen in der Sowjetunion Aufgewachsenen zwei große Narben auf dem linken Oberarm beschert hatte – weswegen meine Landsleute einander problemlos an jedem Strand oder in der Sauna erkennen können –, schütze auch gegen Corona. Auf jeder Karte der Virusverbreitung konnte man die Beweise dafür finden. Im ehemals sozialistischen Lager starben nämlich weniger Menschen als anderswo. In Italien, Frankreich und Spanien hatten die Menschen diese Impfung vor langer Zeit abgesetzt. In den Ländern des ehemaligen sozialistischen Blocks war die Sterberate viel niedriger. Das sah man am deutlichsten an der Deutschlandkarte: In der ehemaligen DDR hatten die Menschen die sozialistische Impfung vor bald fünfzig Jahren bekommen, und sie husteten noch immer nicht.

Lange Zeit hatten die staatlichen Propagandisten der Bevölkerung erklärt, alles Böse komme aus dem Ausland zu uns. Der Westen mit seiner blauäugigen Flüchtlingspolitik, mit seinem heuchlerischen Liberalismus, mit gleichgeschlechtlichen Ehen, veganen Tofu-Würstchen und diversen Biotoiletten entwickelte sich nun für alle sichtbar zur Virenschleuder. Schon früher hatte das Auswärtige Amt den Russen von Auslandsreisen abgeraten. Die Staatsdiener, also die Polizisten, die Militärs, die Verwaltungsangestellten und die Angehörigen der Nationalgarde, sollten nach einer Anordnung des Präsidenten auf einen Urlaub außerhalb der Heimat verzichten. Sie könnten dort leicht von westlichen Geheimdiensten in eine Falle gelockt und erpresst werden. Die absolute Mehrheit der Bevölkerung war, Gott sei Dank, von ganz alleine patriotisch gestimmt. Sie besaß weder einen Reisepass noch Geld für eine Fernreise. Trotzdem nutzte der

Machtapparat das neue Virus, um die Außengrenzen zu schließen. Die anderen Länder hatten es für die Zeit des Lockdowns ja auch getan. Doch Russland war nicht wie andere Länder. Für wie lange die Grenzen nun geschlossen bleiben sollten, wusste nicht einmal der Präsident.

In panischer Angst vor dem Virus kapselten sich die Staaten und Nationen voneinander ab. Hotels machten dicht, Fluggesellschaften strichen ihre Flüge, und viele Touristen, die es nicht mehr rechtzeitig geschafft hatten, in die Heimat zurückzukehren, blieben im Ausland auf der Straße sitzen oder übernachteten auf Flughäfen. Viele Staaten ordneten große Rückholaktionen für ihre Bürger an. Laut den Informationen des russischen Auswärtigen Amtes waren rund 40.000 russische Staatsbürger auf fremdem Territorium registriert, in Amerika, Australien oder Thailand. Einige waren in Europa sitzen geblieben. Die Evakuierung der Russen aus dem Ausland verzögerte sich. Es wurden spezielle Touristenlisten in die Botschaft des jeweiligen Landes geschickt, wo die Mitarbeiter der Konsulate anhand dieser Unterlagen direkt an den Flughäfen Plätze in gecharterten Maschinen verteilen sollten.

Im Laufe dieser Prozedur wurden die Konsulate mit dem alten russischen Problem konfrontiert, nämlich der riesigen Kluft, die sich in Russland zwischen Realität und Wirklichkeit auftut. Während in vielen Ländern beides kaum voneinander zu unterscheiden ist, stimmt in Russland die aufgeschriebene, auf dem Papier beschriebene Realität mit der Wirklichkeit überhaupt nicht überein. So hatten beispielsweise viele Menschen, die dringend in ihre Heimat fliegen wollten, laut amtlichem Register diese Heimat gar nicht verlassen. Andererseits waren Bürger, die auf der Liste standen, vor Ort nicht aufzufinden. Und selbst diejenigen, die sowohl auf der Liste als auch in Wirklichkeit vorhanden waren, wollten nicht dorthin fliegen, wo sie laut ihren Unterlagen hergekommen waren. Dieser Zustand bereitete den Konsulaten starke Kopfschmerzen. Aus dem Kreml kam die Anweisung, die Situation vor Ort unverzüglich zu klären und die Schuldigen zu bestrafen. Auf der Suche nach einer möglichen Erklärung des Phänomens kam das Auswärtige Amt zu dem einzig möglichen Schluss: Irgendetwas war schiefgegangen.

»Wer sind diese verantwortungslosen Menschen, die in Zeiten einer Pandemie in Urlaub fahren? Solche Leute haben unsere Verachtung verdient!«, wütete die Pressesprecherin des Auswärtigen Amts im Fernsehen.

Trotz der Schwierigkeiten wurden ihre Landsleute nach und nach heimgeholt. Natürlich nicht alle, und nicht dorthin, wo sie eigentlich hinwollten, aber die Lage hat sich einigermaßen entspannt.

»Die ganze Welt liegt krankgeschrieben im Bett, viele Menschen sind sogar auf der Intensivstation, und bei uns sind alle fit. Ein paar Leute husten, das haben sie aber schon immer gemacht, auch vor der Pandemie. Wir sollen den Teufel nicht übergroß an die Wand malen«, sagten die Medien unisono. Die russische Regierung schickte sogar humanitäre Hilfe in von der Pandemie besonders betroffene Länder wie Spanien, Italien und Frankreich. Dort lebten die Bürger dicht gedrängt auf kleinstem Raum, die Straßen waren so eng, dass zwei Autos nicht aneinander vorbeifahren konnten. In Cafés und Kneipen hingen die Menschen einander quasi direkt unter der Nase. Wenn da einer nieste, waren alle sofort krank.

»Das brauchen wir nicht zu befürchten«, beruhigten die Nachrichtensprecher das Volk. Schließlich sei das Land sehr groß, seine Straßen sehr breit. Gut, in Moskau liefen viele dicht an dicht durch die Stadt, aber draußen in der Provinz würden die meisten sowieso in kilometerweitem Abstand voneinander leben.

Ende März gab es hier und da verdächtige Ausbrüche von Lungenentzündungen, die Gefahr blieb aber hauptsächlich auf den Fernsehbildschirmen und war beschränkt auf Bilder aus Italien, Spanien und den USA. Doch irgendetwas lag in der Luft. Eine Gefahr, die immer näher kam und unausweichlich auf das Land zusteuerte. Sowohl in Moskau als auch in Baschkirien hinter dem Ural berichteten die Menschen von merkwürdigen Vorfällen. In Kursk kam der Bürgermeister mit seiner Familie gerade aus dem Ausland, wo er Urlaub gemacht hatte. Er hustete heftig und steckte die ganze Stadtverwaltung an. In Pjatigorsk war es die Leiterin des Krankenhauses, eine Virologin, die von einem Kongress aus dem Ausland zurückgekehrt war und ihre Studenten und Mitarbeiter ansteckte. Karelien schottete sich ab. Sewastopol stellte Grenzposten entlang der Stadtgrenze auf. In Chakassien wurde die komplette Regierung nach einem Skiurlaub in Quarantäne gesteckt.

In Moskau feierte der verdiente Sänger der Sowjetunion Lew Leschtschenko seinen 78. Geburtstag. Der Mensch gewordene Ohrwurm aller Russen, der seit über fünfzig Jahren tagein, tagaus auf allen Kanälen und Radiosendern patriotische Lieder zum Besten gab, kam gerade aus Amerika und hustete heftig. Trotzdem lud er seine ganzen Freunde – ebenfalls alles alte Popstars, die nicht in Rente gehen wollten – sowie einige Mitarbeiter der Presseabteilung der Regierung zu seinem Geburtstag ein. Kurz danach landete er mit hohem Fieber auf der Intensivstation, und auch einige seiner Gäste fühlten sich unwohl.

Auch die dunkelste Wolke hat einen Silberstreifen, dachten die Menschen. Möglicherweise haben wir bald eine neue Musikszene im Land mit frischen, unverbrauchten Talenten, lästerten böse Zungen. Doch Leschtschenko hat sich erholt. Auch die anderen Sängerinnen und Sänger hatten bloß einen leichten Schnupfen, weiter nichts. Diese Menschen waren wie aus Bronze gehauen, kein Virus konnte ihnen etwas anhaben. Doch die Lage im Land verschlechterte sich trotz des staatlich verordneten Optimismus.

Der Präsident trat wieder im Fernsehen auf und verkündete eine Woche Feiertage. Für alle. Die Kosten sollten die Arbeitgeber übernehmen. Feiertage! Er sagte nicht: »Geht in Quarantäne!« Er sagte nicht: »Bleibt zu Hause in der Isolation.« Es sollten kleine Ferien sein – »Ausgehtage«, wie Feiertage auf Russisch wörtlich heißen. Das Wetter war gut, die Sonne schien, die Bürger freuten sich mit ihrem Präsidenten. Sie gingen in die Parks, sie fuhren in großen Gruppen aufs Land in die Natur, sie grillten, tranken und feierten.

Am Ende der Ferienwoche ging es mit den Ansteckungen dann richtig los. Krankenwagen bildeten kilometerlange

Schlangen vor den Krankenhäusern, Ärzte schlugen Alarm, die Stadtverwaltung in Moskau ordnete eine Ausgangssperre an. Niemand durfte ohne triftigen Grund seine Wohnung verlassen, nur zum Einkaufen oder kurz mit dem Hund um den Block, nicht weiter als hundert Meter vom Haus entfernt. Es wurden zusätzliche Ordnungskräfte engagiert, um zu kontrollieren, ob sich die Bürger an die neuen strengen Regeln hielten.

Der Präsident deutete in einer kurzen Ansprache an, die Bürgerinnen und Bürger müssten sich keine Sorgen um einen möglichen Einbruch der Wirtschaft machen. »Wir haben genug Geld in der Staatskasse und in unseren Rettungsfonds. Es wird uns locker für vier Jahre reichen«, meinte der Präsident und verschwand für mehrere Tage vom Bildschirm. Angeblich zählte er nach, ob das Geld wirklich für vier Jahre ausreichte. Er überließ die Rettungsmaßnahmen dem örtlichen Verwaltungsapparat. Man munkelte, er sei irgendwo hinter Moskau in einem Rettungsbunker untergetaucht. Die Bürgerinnen und Bürger waren hellhörig geworden. Der Präsident hatte in seiner Ansprache gesagt, »es wird uns reichen«. Wer genau war mit »uns« gemeint? Es folgte ein Ansturm auf die Geldautomaten der Finanzinstitute. Innerhalb einer Woche wurden eine Trillion Rubel abgehoben und sicher versteckt.

In guten Zeiten verschmelzen Gut und Böse oft und sind kaum auseinanderzuhalten. In Zeiten der Not gewinnen ihre Unterschiede an Bedeutung. Die einen benehmen sich solidarisch, die anderen fischen im trüben Wasser. Freiwillige Helfer nahmen die Alten in ihre Obhut und halfen ihnen, ihre Einkäufe zu erledigen. Gleichzeitig klingelten junge Menschen mit merkwürdigen Angeboten an ihren Türen. Sie wollten beispielsweise ihre Wohnungen kostenlos desinfizieren. Meine Mutter hat von solchen Spinnern Besuch in Berlin bekommen und sie verscheucht.

Ihre Schwester in Moskau hatte erzählt, zu ihr in die Wohnung seien Menschen von der Hausverwaltung gekommen und hätten behauptet, dass sie alle Haushalte nach möglichen Virenverstecken durchsuchen müssten. Sie würden gerne auch ihr Bargeld prüfen, meinten sie, denn auf Papierscheinen könnten Viren bis zu drei Tage überleben. Die Schwester zeigte ihnen das Geld, sie untersuchten es im Schnelltest – und sieh mal an, das Geld war tatsächlich verseucht.

»Es tut uns leid«, sagten die Virenbekämpfer, »Ihr Geld muss für maximal drei Tage in Quarantäne. Danach können Sie es sich bei der Verwaltung im Erdgeschoss wieder abholen.«

Nach drei Tagen ging meine Tante zur Hausverwaltung. »Tut uns leid«, sagten die Mitarbeiter, »Ihr Geld hat es leider nicht geschafft.«

»Wie – hat es nicht geschafft?«, wunderte sich die Tante.

»Es ist leider tot, am Corona-Virus gestorben. Wir verstehen natürlich«, sagte die Hausverwaltung, »dass das für Sie ein großer Verlust ist.« Sie äußerten ihr aufrichtiges Beileid.

Was lernen wir aus dieser Geschichte? Es lohnt sich auf jeden Fall, sein Geld selbst zu desinfizieren, bevor es ein anderer tut. Und niemals etwas in Quarantäne geben.

Nach vielen Monaten im All landete in dieser Zeit die Sojus-Kapsel mit der russisch-amerikanischen Besatzung der ISS in der kasachischen Steppe. Auf Empfehlung der Ärzte sollten die drei Heimkehrer ihre Schutzanzüge gleich anbehalten. Sie wurden sofort in Quarantäne geschickt. »Hätten wir das gewusst, wären wir gern länger im All geblieben«, sagten die Astro- und Kosmonauten.

Das Virus breitete sich schnell im Land aus und erreichte sogar das Altai-Gebirge. Die dortigen Schamanen reagierten sofort. Es wurde eine Pilgerfahrt organisiert, um den Geist des Virus achtungsvoll zu beruhigen. Noch während sie dazu den Berg der Winde bestiegen, wurde die Zeremonie abgebrochen, weil der Vorsitzende der Schamanenkommission keine Luft mehr bekam und ins Krankenhaus musste.

Der Patriarch der russisch-orthodoxen Kirche leistete ebenfalls seinen persönlichen Beitrag im Kampf gegen die Pandemie: Er stieg in voller Montur und einem goldenen Gewand in seinen gepanzerten Mercedes, fuhr einmal um ganz Moskau herum, besprengte die Straßen mit Weihwasser und rief: »Virus, geh!« Später meldete er sich noch einmal aus dem Kaminzimmer seiner Residenz und erklärte: »Diese dunkle Kraft ist uns für unsere Sünden geschickt worden, als letzte Warnung! Wenn wir nicht sofort unseren Lebensstil ändern und aufhören, das goldene Kalb anzubeten, wird der Herr uns in Affen zurückverwandeln.«

Die reichen Russen wollten auf ihren Lebensstil aber nicht verzichten. Sie reservierten sich vorsorglich für teures Geld gleich ganze Krankenhausetagen samt Personal und Beatmungsgeräten. Dort sollte man einfach auf den Patienten warten und niemand anderen hereinlassen. Die Armen blieben sich selbst und ihrem selbst gebastelten Hilfeset überlassen. Und für die Regierung blieb die wichtigste existenzielle Frage: Was wird mit der Parade? Die Siegesparade am 9. Mai ist der wichtigste Feiertag des Jahres, sie war noch nie verschoben worden. Je weniger Veteranen noch verblieben, desto bombastischer wurde gefeiert. Für den Präsidenten war die Parade seit zwanzig Jahren zu einer wichtigen Amtsangelegenheit geworden. Sie sollte seine Überlegenheit den westlichen Kollegen gegenüber zum Ausdruck bringen. Und nun? Die Hälfte der Kursanten der Nachimow-Marineakademie war während der Vorbereitung der Parade krank geworden, der Leiter der Akademie lag mit hohem Fieber im Krankenhaus.

»Wir werden die Parade dieses Jahr auf den Herbst verschieben«, ordnete der Präsident zähneknirschend an.

Währenddessen versuchte der Moskauer Bürgermeister einen unmöglichen Spagat. Er wollte die Metropole vor dem Kollaps retten und die Moskauer vor dem Virus schützen, und zwar beides gleichzeitig. Die damit zusammenhängende Einführung eines QR-Codes zur elektronischen Erlaubnis, das Haus zu verlassen, führte zu einem gigantischen Massenstau vor den U-Bahn-Eingängen. Dort sollten Polizisten die Ausgehgenehmigungen kontrollieren. Die Moskauer Metro beförderte allerdings stündlich Millionen Fahrgäste. Wie sollten sie alle geprüft werden? Der Pressesprecher der Regierung beschimpfte die Moskauer wegen ihrer ungebremsten U-Bahn-Reiselust:

»Wie idiotisch ist das denn, dass alle zur gleichen Zeit,

zwischen sieben und acht Uhr morgens, die gleiche U-Bahn nehmen wollen?« Die Moskauer seien selbst schuld, wenn sie krank würden. Zwei Wochen Lockdown waren nach dieser Aktion völlig umsonst gewesen, wütete der Pressesprecher.

Es blieb weiterhin unklar, wer diese Ausgeherlaubnisse bei wem kontrollieren durfte. Angeblich konnten Taxifahrer Kontrollen durchführen, außerdem Polizisten, Sanitäter und Kosaken, Angehörige der Nationalgarde und Schaffner. Eigentlich durften also alle alle kontrollieren, aber nicht gleichzeitig. Wenn ein Polizist sich mit einem Kosaken ein Taxi teilte, konnte es leicht zu Missverständnissen kommen. In Wladikawkas gingen Tausende auf die Straße, um gegen die Maßnahmen zu protestieren, Wologda erklärte sich zur virusfreien Zone, und die Stadt Kirillow verbarrikadierte sich.

Der Präsident hielt sich versteckt. Er zeigte sich nicht einmal mehr in den Nachrichten. Stattdessen erzählte im Fernsehen ein Psychologieprofessor zwei geschlagene Stunden, wofür der Lockdown gut sei:

»Nutzen Sie diese Chance, sich selbst besser kennenzulernen und die Fragen zu klären, die jeden von uns von Geburt an beschäftigen. Wer bin ich? Was will ich? Bin ich in meinem Leben schon angekommen oder noch auf dem Weg?«

Die Menschen vor dem Fernseher hatten sich aber nach mittlerweile vier Wochen Lockdown ausreichend selbst kennengelernt und ganz andere Fragen: Warum habe ich keinen Hund? Wie lange soll ich noch zu Hause sitzen? Was mache ich seit vier Wochen hier in der Wohnung? Und wie komme ich, verdammt noch mal, hier raus?

Sie schlugen die Zeit tot, indem sie sich über die App ärgerten, die allein über das Recht verfügte, sie für kurze Zeit aus der Isolation zu entlassen:

Danke, dass Sie unsere App benutzen. Ihre Registrierung ist erfolgreich abgeschlossen. Wählen Sie zwischen folgenden Optionen:

QR-Code zum Aktivieren der Ausgangserlaubnis: Ja / Nein

→ *Ja*

Aus welchem Grund wollen Sie die Wohnung verlassen:
a) Müll entsorgen
b) Mit dem Hund spazieren gehen
c) Einkaufen

→ *a) Müll entsorgen*
Nach unseren Erkenntnissen hat Ihr Haus einen Müllabwurf-schacht. Wählen Sie einen anderen Grund.

→ *b) Mit dem Hund spazieren gehen*
Nach unseren Erkenntnissen ist auf Ihren Namen kein Hunde-besitz registriert. Wählen Sie einen anderen Grund.

→ *c) Einkaufen*
Wählen Sie das notwendige Produkt aus der Liste der Waren des täglichen Bedarfs:

→ <u>*Zigaretten*</u>
Rauchen gefährdet Ihre Gesundheit. Wählen Sie ein anderes Produkt aus der Liste der Waren des täglichen Bedarfs.

→ <u>*Bier*</u>
Alkohol schadet Ihrer Gesundheit. Wählen Sie ein anderes Produkt aus der Liste der Waren des täglichen Bedarfs.

→ <u>*Quark, Milch, Butter*</u>
Nach unseren Informationen haben Sie gestern 2 Liter Milch gekauft. Daraus können Sie Quark und Butter herstellen, ohne die Wohnung verlassen zu müssen.

Ihr Zeitlimit für die Erteilung des QR-Codes für den Ausgangspassierschein ist abgelaufen. Der nächste Antrag kann in 47 Stunden und 41 Minuten gestellt werden. Bitte bewerten Sie unsere App.

In Moskau retteten die Polizeikräfte einen jungen Mann, der auf seiner Fensterbank im fünfzehnten Stock ein Selfie machen wollte, ausrutschte, aber sich im letzten Moment an die Fensterbank klammern konnte. Die Polizisten sahen ihn aus dem Fenster hängen, öffneten die Tür, kamen in die Wohnung und zogen den Mann wieder hinein. Danach stellten sie ihm ein Knöllchen aus – wegen Verletzung der Ausgangssperre.

Kapitel 7

Riverboat

»Alles wie gehabt, nur ohne Publikum. Sie werden sich selbst pudern müssen, weil unsere Mitarbeiter verpflichtet sind, den Sicherheitsabstand zu den Gästen einzuhalten. Das geht aber ganz leicht mit dem Puder, folgen Sie einfach den Anweisungen der Maskenbildnerin, sie wird neben Ihnen stehen. Und falls Sie Hunger haben, bringen Sie sich bitte etwas zu essen mit, wir dürfen kein Catering betreiben. Die Gästebetreuung fällt ebenfalls aus. Und ganz wichtig, Sie müssen die Unbedenklichkeitsbescheinigung noch heute unterschreiben und an mich zurücksenden. Damit versichern Sie, dass Sie nicht husten und in den letzten zwei Monaten nicht im Ausland waren. Ausland ist Risikogebiet«, schrieb mir die Riverboat-Redaktion aus dem Homeoffice. »Sie können sich aber die ganze Mühe auch sparen und per Liveschalte von zu Hause aus an der Sendung teilnehmen«, meinte sie. »Das würde Ihnen in der derzeitigen Situation keiner übelnehmen.«

»Nein, nein, ich möchte unbedingt persönlich anwesend sein!«, schrieb ich zurück. »Und ich möchte in Leipzig auch gerne übernachten, in einem Hotel. Sind in Leipzig noch Hotels geöffnet?«

»Wir können für Sie ein Zimmer im Westin buchen. Kommen Sie mit dem Auto? Nein? Mit dem Zug? Sie sind aber ein mutiger Gast! Im Zug könnten Ihnen andere Menschen begegnen, die vielleicht das Virus übertragen«, meinte die Redakteurin.

Sie konnte sich gar nicht vorstellen, wie ich mich über die Einladung freute. Seit einem Monat saß ich zu Hause, und mir fiel das Dach auf den Kopf. Ich vermisste mein Reiseleben, die Bahnhöfe, die Züge, die Hotels. Jede zweite Nacht träumte ich von meiner letzten, gecancelten Veranstaltung im Casino Baden-Baden. Damals, Anfang März, hatte es zumindest noch keine Ausgangssperre gegeben, und ich war spätabends noch in eine Bar gegangen und habe dort unter anderem merkwürdige Absinth-Cocktails getrunken. Man sagt, vom Absinth könne man Halluzinationen bekommen. Was war, wenn ich das alles nur träumte? Und in Wahrheit hatte die chinesische Frau Batman gar nicht gegessen? Die Menschen flogen weiter durch die Welt, feierten Partys und gingen ins Theater, nur ich allein war dazu verflucht, gefangen in meiner Halluzination, tagein, tagaus zu Hause zu bleiben und Corona-Spezial-Nachrichtensendungen anzuschauen? Ich kniff mir für alle Fälle in den Arm. Die Halluzination verschwand nicht.

Also stand ich in diesem Traum nun auf dem leeren Bahnsteig und wartete auf den leeren Zug nach Leipzig.

»Wir bitten Sie, von Reisen abzusehen. Fahren Sie nur, wenn es unumgänglich ist«, stand in Leuchtschrift auf der Anzeigetafel. Was bitte sollte das denn heißen? Als würden die Menschen sonst einfach so, ohne Grund, aus purem Spaß kreuz und quer mit dem Zug durch Deutschland fahren, regte ich mich auf.

Als einziger Passagier hatte ich einen ganzen Waggon für mich und genoss diese skurrile unumgängliche Geisterfahrt. Einmal kam der Schaffner im Coronauten-Schutzanzug und kontrollierte meine Fahrkarte aus sicherer Entfernung. Am Leipziger Bahnhof hoffte ich vergeblich, ein Würstchen kaufen zu können. Alle Kioske waren zu. Auch das Hotel wirkte gespenstisch leer, aufgeräumt.

»Wird es denn wenigstens ein Frühstück geben?«, fragte ich die vermummte Mitarbeiterin.

»Ja«, sagte sie. »Es wird aber kein Frühstück sein, wie Sie es kennen. Einen Joghurt und ein Knäckebrot können Sie aber bekommen, alles sicher vakuumverpackt.«

Eine halbe Stunde später wurde ich vom Fahrdienst des Senders abgeholt. »Vielleicht können wir unterwegs kurz eine Pizza kaufen?«, fragte ich den Fahrer.

Der konnte nicht richtig sprechen. Er war vom Sender verpflichtet worden, eine Atemschutzmaske zu tragen, weil er im Auto nicht den vorgeschriebenen Abstand zu den Fahrgästen einhalten konnte.

»Das wird nicht leicht sein, aber wir kriegen das hin«, meinte er mit zuversichtlichem Kopfnicken.

Eine Pizzeria hatte tatsächlich offen. Es gab allerdings nur Straßenverkauf. Ich sprang aus dem Auto und lief zu dem Fensterchen: »Eine Pizza Diabolo, bitte!«

»*Privet!*« Die Pizzabäcker waren Russen, und es begrüßte mich eine Frau aus Sachalin, die meine Bücher gelesen und mich erkannt hatte. Die Russen trugen natürlich keine Masken. Es ist ein leichtsinniges Volk, Fatalisten. Sie denken, es kommt ja doch, wie es kommen soll.

Beim MDR trugen dagegen alle Mitarbeiter Masken. Es war ungewöhnlich ruhig im Sender. Die sonst vielzählige Mannschaft hatte man auf ein paar Leute reduziert. Die Autoren, die mit den Gästen die Sendung vorbereiteten, waren ins Homeoffice verbannt, Redakteure und Köche standen ebenfalls unter Hausarrest. Die Autogrammsammler, die vor jeder Sendung mit ihren dicken Stiften, Alben und Briefumschlägen über die Gäste herfielen, waren diesmal ebenfalls alle zu Hause geblieben. Es gab auch kein Publikum.

Ob wir in der Sendung auch Atemschutzmasken tragen mussten?, überlegte ich. Ich hatte für alle Fälle zwei Masken dabei – eine mit schönen Katzenmotiven und eine etwas dickere zweilagige mit dem russischen Wort für »Sehenswürdigkeiten« und einem roten Stern vorne drauf. Die hatte mir mein Brandenburger Nachbar in seiner Stickerei angefertigt. Man konnte durch diese Maske aber kaum sprechen, und ich bekam auf Dauer keine Luft damit. Ich warte mal ab, wie die anderen drauf sind, dachte ich. Sollte der Kachelmann mit Maske moderieren, würde ich meine auch aufsetzen.

Bis zur Sendung war es noch gut eine Stunde. Ich zog mich zurück und schaute mir die Nachrichten an. In der letzten Zeit war ich süchtig nach Nachrichten geworden. Ich sah mir täglich die aktuelle Berichterstattung im öffentlich-rechtlichen Fernsehen an. Den Nachrichten entnahm ich, dass wir es in Deutschland gleichzeitig mit mehreren verschiedenen Viren zu tun hatten. Im Süden ging es um eine tödliche

Krankheit, die ansteckend war, sich schnell ausbreitete und Alt wie Jung dahinraffte. Das Überleben der Menschheit stand auf dem Spiel, und wir standen vor der größten Herausforderung seit dem Zweiten Weltkrieg. Im Norden hatte man eine leichte Grippe festgestellt mit 0,06 Prozent Mortalität. In Hamburg beispielsweise gebe es keinen einzigen Corona-Toten, behauptete der Obduktionsprofessor Klaus Püschel bei Lanz. Zumindest wären die Leute ohnehin gestorben, nur womöglich etwas später. Im Westen des Landes hatten die Bürger durch ihre regelmäßige Teilnahme am Karneval bereits eine Herdenimmunität entwickelt, und im Osten hielten es die Viren nicht lange aus.

Vor diesem verwirrenden Hintergrund übertrafen sich Politiker und Virologen mit widersprüchlichen Aussagen. So empfahl Gesundheitsexperte Karl Lauterbach, Staubsaugerbeutel statt Atemschutzmasken zu tragen, was ich auch begrüßt hätte, besonders für das politische Personal. Der Virologe Christian Drosten, der uns lange die Vorzüge des Händewaschens und der Sauberkeit angepriesen hatte, wandte sich nun an das Volk mit dem Aufruf: »Hört auf zu putzen!« Es hatte sich nämlich herausgestellt, dass durch die Corona-Krise viele Leute eine richtige Putzmacke entwickelt hatten. Ich wusste das auch von meinen Nachbarn und Freunden: In der Zeit vor Ostern begannen die Menschen mit dem Frühjahrsputz, der diesmal etwas überdimensioniert ausfiel. Es bestand die Gefahr, dass die Menschen sich aus Angst vor Corona zu Tode putzten. Auch mit Desinfektionsmitteln und mit dem Händewaschen übertrieben es einige. Es könne die Haut schädigen, wenn man sich länger als eine

Stunde die Hände wasche, erklärte der Virologe. Das Robert Koch-Institut gab daher Plakate mit einer Anleitung zum »Händewaschen in fünf Schritten« in Auftrag, damit sich übereifrige Bürger die Hände nicht wegwuschen.

Das Händewaschen in fünf Schritten ging wie folgt: Man musste zunächst die Hände nass machen, dann einseifen, dann die Seife einreiben und dabei Happy Birthday singen – aber nur maximal zwei Mal –, im Anschluss abspülen und abtrocknen. Und nicht gleich wieder von vorne anfangen!, warnten die Virologen.

Ähnliche Anleitungen gab es auch für das Tragen von Masken, denn auch das wollte gelernt sein. Es hatte wohl bereits mehrere Fälle gegeben, bei denen Menschen zur Sicherheit zwei Masken übereinander getragen hatten, eingeschlafen waren und beinahe erstickt wären. Das Internet war voll mit Anweisungen, wie man sich selbst eine vernünftige Maske nähte: »Masken nähen in fünf einfachen Schritten.«

In dieser Pandemie musste alles in fünf Schritten erfolgen. Auch die Staaten, Städte und Bürger gingen Schritt für Schritt hintereinander her. Ganz vorne marschierten die Chinesen, die Russen bildeten das Schlusslicht, und die Deutschen liefen in der sicheren Mitte – bloß nicht vom Weg abkommen, nicht zu schnell und nicht zu langsam handeln. Ein Schritt zu viel oder zu wenig, und du warst Virenfutter.

»Die Maskenverpflichtung wird kommen, auch wenn das Virus vorübergehend besiegt ist«, war sich der bayerische Ministerpräsident sicher. Auf dem Foto sah man ihn mit Maske und glasigem Blick wie eine Katze, die man am Nacken gepackt und hochgehoben hat. Dabei war allgemein bekannt, dass man erwachsene Katzen nicht am Nacken hochheben sollte. Das tun Katzenmütter, wenn sie ihren Nachwuchs wegtragen. Bei erwachsenen Katzen ruft das die Erinnerung an ihre Kindertage wach: Mama holt mich ab, also kann ich mich entspannen und hängen lassen. Allerdings kann dieses entspannte Hängenlassen bei ausgewachsenen Katzen zu schweren Schäden an der Wirbelsäule führen. Meiner Meinung nach haben Masken auf die Gemüter der Menschen eine ähnliche Wirkung. Viele gucken wie Babys, wenn Mund und Nase verdeckt sind.

Atemschutzmasken waren zum neuen Gesicht des Landes geworden. Ach, was hatten wir früher über diese komischen asiatischen Touristen mit ihrem Mundschutz gelacht. In den Augen der Europäer sahen sie noch komischer aus als die vollverschleierten Frauen des Orients. Nun waren wir selbst zu chinesischen Touristen geworden. Masken selbst produzieren, Masken in fünf Schritten nähen, Masken waschen und Masken bügeln, Masken mit und ohne Einlagen. Bald würden wir Masken-Modeshows haben, Maskenbälle und -wettbewerbe, *Germanys Next Topmaske.*

Auf meiner Straße in Berlin verkaufte nun der vietnamesische Obst- und Gemüsehändler nebenbei selbst genähte Atemschutzmasken zu 2,00 bis 3,00 Euro das Stück. Die neue Ware kam gut an. Mehrmals habe ich gesehen, wie Leute das neue Produkt erwarben: »Ein Stück Wassermelone, bitte, ein halbes Kilo Tomaten und drei Masken dazu, danke!« »Bitte schön.«

Die Masken, die mein Nachbar in Brandenburg nähte, waren etwas teurer, dafür aber auch schöner. Die Leute bemalten ihre Masken und wählten unterschiedliche Muster und Farben. Beim Einkaufen sah ich kaum zwei gleiche Masken nebeneinander, endlich war Mode wirklich individuell geworden. Lange Zeit waren die meisten Menschen in den gleichen Turnschuhen, den gleichen T-Shirts und Jeans durch die Gegend gelaufen, sie waren kaum voneinander zu unterscheiden. Mit der Maske kam nun ein Stück Persönlichkeit in den Alltag. »Eine Maske ist das beste Geschenk«, »Selbst genäht oder wo gekauft?«, »Zeig mir deine Maske, und ich sage dir, ob wir Freunde werden können«, so lautete das neue Modemotto. Ging jemand unvermummt in eine Bank oder Sparkasse, wurde er von den Mitarbeitern schräg angeguckt.

Masken, nicht Toilettenpapier, waren jetzt zur am meisten begehrten Ware, zum neuen Gold geworden. Ihre Produktion und ihr Vertrieb stellten die Weltökonomie auf den Kopf. Einzelne Länder hielten Maskenlieferungen vor anderen zurück oder stahlen sie einfach. Als das Virus in China ausbrach, hatte die EU ihre Masken teuer dorthin verkauft. Dann ging es in Europa mit der Seuche los, während die Chinesen bereits wieder zur Hälfte gesund waren, sich kurzerhand für genesen erklärten, die Masken wuschen, desinfizierten und zum dreifachen Preis zurück nach Europa verkauften. In Not geratene Länder zeigten Solidarität und teilten sich die Masken. Wie auf jedem stark umworbenen Markt kam es immer wieder zu Spekulationen und Missbrauch. Spanien bekam Masken mit überschrittenem Ablaufdatum, Österreich und Südtirol bekamen die falschen, also nicht die, die sie bestellt hatten. Dabei galt in Österreich

Maskenpflicht. Jeder, der in den Supermarkt ging, bekam am Eingang von einer vollvermummten Person mit einer Zange eine Maske ausgehändigt, die er beim Verlassen wieder abgeben musste.

In Deutschland gab es zunächst keine Maskenpflicht. Die sei gar nicht notwendig, weil Masken nicht wirklich vor dem Virus schützen würden, erklärte die Bundesregierung. Böse Zungen behaupteten, das sage sie nur, weil sie nicht genug Masken auf Lager habe. Deutschland war nicht Österreich. Um hier eine Maskenpflicht einzuführen, bräuchte man mindestens 90 Millionen Stück, am besten jeden Monat frisch.

In der Ukraine wurde die gerade erst gewählte Regierung beinahe durch einen Maskenausverkaufsskandal gekippt. Die Regierung hatte kurz vor Beginn der Pandemie alle ukrainischen Masken auf dem freien Markt gekauft, zu einem guten Preis verkauft und freute sich über die Einnahmen. Als die Seuche das Land erreichte, waren die Ukrainer unvorbereitet und ohne Atemschutz. Ihre bereits verkauften Masken gewannen steil an Wert und wurden zu Mondpreisen weitergehandelt. Der ukrainische Präsident wandte sich an die Bevölkerung, jeder solle sich selbst eine Maske basteln. Die Ukraine hatte, dem österreichischen Beispiel folgend, eine halbe Maskenpflicht eingeführt. Auf öffentlichen Plätzen, in Bus und Bahn sollten sie getragen werden.

Die ukrainische Administration strengte sich an, die Menschen auseinanderzubringen. Per Dekret wurde festgelegt, dass nicht mehr als zehn Passagiere in einen Bus steigen durften. Wer als elfter Passagier hineinwollte, wurde von den zehn, die schon drin waren, hinausgeschmissen. An den Bushaltestellen versammelten sich große Mengen von elften Passagieren, es kam zu Schubsereien und sogar Schlägereien. Der Begriff »Elfter Passagier« etablierte sich in der Umgangssprache als Bezeichnung für eine unerwünschte Person. Niemand wollte der Elfte sein.

Wahrscheinlich infizierten sich am Ende mehr Menschen an den Bushaltestellen als im Bus selbst. Eine Schlägerei an der Bushaltestelle war aus virologischer Sicht natürlich gefährlich und ein klarer Verstoß gegen die Kontaktsperre, selbst wenn alle Beteiligten Schutzmasken und Handschuhe trugen. Es war, nebenbei gesagt, auch verdammt schwierig, sich, angetan mit Atemschutzmasken, zu schlagen. Es ging einem einfach rasch die Luft aus.

In Russland wurden die Masken schnell zu einem begehrten Konsumgut. Experten warnten die Bürger davor, zu lange dieselbe Maske zu tragen, denn Viren könnten sich auf beiden Seiten des Materials ansammeln. Man sollte die Maske jeden Abend mit kochendem Wasser säubern, empfahl das Gesundheitsministerium. Der gesellschaftliche Konsens besagte allerdings, es sei gar nicht nötig, die Masken ständig zu waschen. Es reiche völlig, sie regelmäßig mit gutem, hochprozentigem Alkohol zu tränken und auf diese Weise zu desinfizieren. Auf diese Weise verliere das Virus die Orientierung und fände nicht mehr durch den Stoff, und der Maskenträger habe ein angenehmes Gefühl. Allerdings drohten ihm nach allzu langem Tragen ziemliche Kopfschmerzen, und der Kater von morgen kam schon heute.

Ich habe die russische Methode in Deutschland eine Zeit

lang angewendet, ließ es dann aber sein. Längere Strecken in einer alkoholgetränkten Maske zurückzulegen, ist wirklich anstrengend. Man hat quasi seine eigene Fahne stets in der Nase.

Aber zurück zur Sendung Riverboat. Es waren weniger Gäste als sonst eingeladen, und wir saßen mit großem Abstand zueinander im Kreis, sehr weit von dem Tisch in der Mitte entfernt, auf dem in besseren Zeiten leckere Knabbereien, Süßigkeiten und Wein gestanden hatten. Und jetzt?

»Wir haben während der Sendung leider keine Bewirtung mehr. Ich kann Ihnen aber eine kleine Flasche Wasser anbieten, mit Strohhalm«, meinte die Regieassistenz.

»Strohhalm ist gut«, sagte ich, ging zurück in die Garderobe und besprach dort mit dem für Getränke zuständigen Mitarbeiter die Situation.

»Ich gieß dir den Riesling in die Wasserflasche, kein Problem, sollte funktionieren«, beruhigte er mich.

Und so saßen wir in einem halbdunklen Studio: eine Sängerin, die gerade eine neue Platte aufgenommen hatte, aber nicht mehr auf Tour gehen durfte. Ein Komiker, der sein Programm nur noch in der eigenen Küche zum Besten gab. Ein Schauspieler, bei dem alle Dreharbeiten abgesagt worden waren. Ein Psychologieprofessor, der viele Tricks draufhatte, wie man die Isolation ohne Gehirnschaden überstehe. Ein Ernährungsexperte und eine junge enthusiastische Wildschweinforscherin, die begeistert erzählte, wie wohl sich die Wildschweine fühlten, seit die Menschen im Lockdown waren und den Tieren nicht mehr in die Quere kamen. Wir haben uns alle ein wenig für die Wildschweine gefreut.

Die Gastgeber, Frau Fisher und Herr Kachelmann, bemühten sich, eine gemütliche Atmosphäre in die Runde zu bringen, aber so ganz ohne Publikum, ohne Speisen und Getränke, blieb die Stimmung doch verhalten. Ich bekam meine Wasserflasche regelmäßig mit Riesling neu gefüllt. Alle erzählten von ihren früheren Projekten, doch die eigentliche Frage, die uns quälte, war, wie lange dieser Stillstand noch andauern würde und ob wir jemals wieder in die Zeit vor Corona zurückrudern konnten. Wahrscheinlich nicht. Man weiß aus Büchern, dass der Fortschritt der Zivilisation keinen Rückwärtsgang kennt. Es würde nie wieder so sein wie früher.

»Alles ist eine Frage der Ernährung«, meinte der Ernährungsexperte. Und wir hätten es noch immer nicht verstanden. Die Geschichte der Menschheit werde permanent von ihren Essgewohnheiten geprägt. Damals im Paradies hatten Adam und Eva die verbotene Frucht gegessen, ohne sich etwas Schlimmes dabei zu denken und mit irgendwelchen Schwierigkeiten zu rechnen. Es ging doch nur um einen Apfel, nichts weiter. Und sieh mal an, was passiert ist. Bis heute zahlen wir einen hohen Preis dafür. Und dieses Mal war es nicht bloß ein Apfel, es war angeblich eine Fledermaus!

»Ich möchte gar nicht darüber nachdenken, was nun als Strafe kommt«, hob der Ernährungsexperte den Finger. Alle nickten.

Kapitel 8

Demos in Berlin

Das ganze Jahr kam durcheinander. Unsere Frühlingsaktivitäten wurden auf den Herbst verschoben, die abgesagten März- und April-Termine sollten im September und Oktober nachgeholt werden, und der Sommerurlaub war wahrscheinlich, wenn überhaupt, erst im Winter möglich. Auch die Jahreszeiten tauschten die Plätze, und wir bekamen unser Juniwetter bereits im April. Nachts blieb es noch kühl, und die Menschen standen in Decken gewickelt draußen auf den Balkonen, um die Starlink-Satelliten zu beobachten, die Elon Musk zu Ostern ins Weltall geschossen hatte, eine Kette aus kleinen Planetchen, Lichtkugeln, die auf gesunden 1,5 Metern Abstand voneinander um die Erde kreisten. Demnächst sollten noch mehrere Zehntausend Satelliten hinzukommen, um einen globalen Breitband-Internetgürtel um die Erde zu schnallen und der Menschheit ein sicheres Kommunikationssystem zur Verfügung zu stellen.

Es war eine gute Nachricht zum richtigen Zeitpunkt. Durch die Seuche war diese Menschheit nämlich gerade dabei, ihre Offline-Realität gänzlich aufzugeben. Wir würden daher in naher Zukunft viel mehr Breitbandinternet brauchen. Ob im Schulunterricht oder im Homeoffice, ob für Essens- oder Getränkebestellungen, für die Arbeit oder zur Erholung, wir würden zunehmend aufs Netz angewiesen sein. Es war klar: Wer die Macht über tausend Satelliten hatte, würde die neue Weltordnung bestimmen. Die schlechte Internetverbindung in manchen Ecken Deutschlands, im Erzgebirge, an der Ostsee oder in Niedersachsen, wurde permanent medial ausgeschlachtet. Ständig sah man in den Nachrichten, wie sich Menschen in ihrem Homeoffice über ein zu schwaches Signal beklagten. Andere mussten im Auto arbeiten, auf dem Supermarktparkplatz oder neben dem Rathaus auf der Parkbank, überall dort, wo sie eine gute Verbindung hatten. Auf der Suche nach WLAN-Empfang durchforsteten sie ihre Städte und lernten so ihre Heimat besser kennen. Bald, sehr bald wird es den Internetgürtel um den Planeten geben, beruhigten sie einander gegenseitig.

Tausende Satelliten waren angeblich bereits im All und sandten uns Signale. Doch bis jetzt waren sie noch nicht zu sehen. Ich hatte in Berlin nur fünf gezählt, mein Nachbar in Brandenburg zwölf. Freunde, die auf der Insel Rügen lebten, erzählten mir am Telefon, über der Ostsee wären die Satelliten in einer längeren Perlenkette geflogen und gut sichtbar gewesen, sie hätten 62 gezählt. Sie meinten allerdings, nicht alle diese Lichtkugeln wären rund, es gäbe auch leuchtende Dreiecke da oben, möglicherweise waren ein paar Ufos darunter. Ich konnte diese Informationen nicht prüfen, meine Freunde an der Ostsee durfte ich nicht besuchen, das war in der Pandemie verboten. Doch selbst wenn es tatsächlich 62 Satelliten waren, wären – bei allem Respekt vor der Wissenschaft – noch immer mehr Sterne als Satelliten am Himmel zu sehen.

Die Menschen, die einander nicht besuchen durften, telefonierten auf den Balkonen, sie rauchten und tranken auf den Balkonen, sie zählten die Sterne und die Satelliten und tauschten diese Informationen aus. Sie hatten sonst nichts zu tun.

»Liebe Bürgerinnen und Bürger, Sie können die Welt vor den schlimmen Folgen der Pandemie retten, indem Sie sich isolieren und Ihre Wohnung nach Möglichkeit nicht verlassen. Halten Sie Abstand und folgen Sie den Hygienevorschriften«, wandte sich die Bundesregierung an das Volk.

Zuerst dachten wir, cool! So leicht war die Welt noch nie zu retten! Wir liegen auf dem Sofa, gucken uns Serien an und tun noch Gutes dabei. Doch nach vier Wochen Lockdown wurde es auf dem Sofa langsam ungemütlich. Daran konnten auch Ufos und Satelliten nichts ändern. Wir wollten raus. Besonders tagsüber, wenn die Sonne schien, die echte Sonne, keine Attrappe von Elon Musk. Sie jagte die Berliner aus ihren Wohnungen hinaus an die frische Luft. Die Freizeitangebote waren allerdings übersichtlich. Überall an den Fassaden, Bushaltestellen und Bauzäunen hingen zwar noch verheißungsvolle Plakate, aber es waren Ankündigungen von längst ausgefallenen Konzerten, gecancelten Messen und Filmpremieren, die erst einmal auf den Herbst verschoben worden waren. Die Bars und Restaurants verbarrikadierten ihre Eingänge, ließen aber kleine Fensterchen auf, um to go zu verkaufen. Man durfte Essen und Getränke mitnehmen, aber sich nirgendwo hinsetzen. Was für eine Folter! Man durfte nicht einmal in der Nähe einer Wurstbude stehen bleiben, ohne eine saftige Strafe zu riskieren. Das Ganze wurde sorgfältig von den Einsatzkräften des Ordnungsamtes und den Polizeistreifen kontrolliert, die sich bevorzugt in der Nähe von Eisdielen platzierten.

Eisdielen durften wie früher in Friedenszeiten verkaufen, allerdings war das Eislecken streng von der Bundesregierung reglementiert, damit die Bürger sich im Gehen nicht vollkleckerten. Erlaubt war, »durch erstes rasches Lecken an der Eiskugel bei gleichzeitiger zügiger Entfernung von der Eisdiele ein Heruntertropfen des Eises auf Kleidung oder Fußboden zu verhindern. Für den Verzehr des Resteises gilt jedoch der Abstand von 50 Metern zu fraglicher Diele«.

Dieses neue Leben erforderte neue Spielregeln. Die Berliner waren an rasches Lecken nicht gewöhnt, sie kleckerten. Auch Freunde des gepflegten Cocktails mussten sich umstellen. Die Bars, die früher erst abends aufgemacht hatten, hatten ihren Betrieb auf den Vormittag verschoben und verkauften alle Cocktails to go. Mojitos und Cuba Libre aus Pappbechern schlürfend schlenderten die Berliner durch die Straßen, halb winterlich, halb sommerlich angezogen. Die Stadt wirkte wie ein fremder Planet. Nach einem schneelosen Winter und vor einem verlorenen Sommer suchten ihre Bewohner die Nähe zur Natur. Alle Parks, alle Grünanlagen waren voll. Unter jedem Baum lagen leblose weiße Körper, allerdings nie mehr als zwei nebeneinander und immer schön auf Abstand zu den anderen, mindestens 1,5 Meter sollten es sein. Die Parkanlagen sahen an manchen Orten aus wie Schlachtfelder auf Renaissancegemälden.

In den Zeitungen stand, wir würden erst dann wieder zur Normalität zurückkehren, wenn die Mehrheit der Bevölkerung Antikörper gegen das Virus entwickelt habe. Doch die Tests für Antikörper waren laut Medien »nicht zuverlässig«. »Die Suche nach dem richtigen Antikörper geht weiter«, titelten die Zeitungen. »Nur etwa 4 Prozent der Deutschen waren bis jetzt imstande, die notwendigen Antikörper zu produzieren.« Die Produktion stockte. Es war auch unklar, wie man diese verfluchten Antikörper produzieren sollte, wenn alle in Quarantäne oder im Lockdown blieben. Was sollten wir tun? Noch mehr Cuba Libre trinken? Sonne tanken? Eis lecken? Die armen alten Winterkörper lagen in den Parks im Gras. Sie warteten auf eine Metamorphose und wussten nicht weiter. Vielleicht hatten einige von ihnen schon ein paar Antikörper produziert, aber wer konnte das schon sagen.

Mit zwei Freunden und einem geliehenen knallgelben Bentley Cabrio fuhr ich an den Parks vorbei direkt ins Zentrum der Hauptstadt. Unsere Idee war, mit einem schicken Auto eine Spritztour durch die vermeintlich leeren Straßen Berlins zu unternehmen. Diese Stadt war schon immer ein hartes Pflaster für Autofahrer: die unzähligen Baustellen, die Touristenmassen, die auf der Suche nach Spaß und Unterhaltung die Stadt füllten und mit einer solchen Selbstverständlichkeit über die Fahrbahn liefen, als wäre ganz Berlin autofreie Zone. Und dann noch die Berliner selbst, diese selbstständigen, freischaffenden Existenzgründer, die es einfach nicht draufhatten, gemütlich zu fahren, sondern ständig hupten, drängelten und überholten, als kämen sie andauernd zu spät zum wichtigsten Termin ihres Lebens. Das alles machte das Autofahren in der Hauptstadt zu einer nervigen Angelegenheit.

Diesmal würde es ganz anders sein, so dachten wir. Die Stadt war seit mehreren Wochen unter Verschluss, die Landesgrenzen waren dicht, die Touristen blieben also aus, und auch die Berliner hatten keine wichtigen Termine mehr. Die meisten Bauvorhaben waren vorübergehend gestoppt, nur der Flughafen wurde plötzlich fertig. Ja, der Flughafen, der seit 2006 permanent auf-, um- und abgebaut worden war, sich als Spott- und Hohnobjekt der Hauptstadt, als Symbol der Unfähigkeit und Inkompetenz der Stadtverwaltung etabliert hatte und bei dem niemand jemals mit einem Ende der Bauarbeiten gerechnet hatte, er wurde plötzlich mitten in der Pandemie fertig. Ein Fest in Zeiten der Cholera. Ausgerechnet jetzt, in der größten Krise seit dem Zweiten Weltkrieg, wo alle Länder sich abschotteten, die Grenzen schlossen, die Fluggesellschaften nacheinander pleitegingen und überhaupt kaum noch Flüge stattfanden, kam die frohe Botschaft: Der BER ist fertig.

Sollen wir vielleicht mit dem Cabrio zum Flughafen fahren?, überlegten wir. Dort würden wir zwar mit Sicherheit keine Menschen am Boden und keine Flugzeuge am Himmel sehen. Doch der Reiz war groß, in diesen Tagen der Isolation die Sehenswürdigkeiten Berlins zu genießen. Aus aller Welt kamen Berichte, wie schön Venedig ohne Touristen sei. Angeblich hatte man dort sogar Delfine in den Kanälen gesichtet. Man las von menschenleeren Straßen in Paris, wo man – theoretisch zumindest – ganz allein auf der Place Pigalle sitzen konnte. Oder man lauschte dem Zwitschern der Vögel und dem Rauschen des Wassers auf den Brücken von Brügge. Die Menschheit war zur Ruhe gekommen. Sie hielt zum ersten Mal seit hundert Jahren mitten am Tag ein Schläfchen.

Ein ruhiges, menschenleeres Berlin, das versprachen wir uns von unserer Bentley-Spritztour. Wie ein Stück Sonne sollte unser gelbes Auto an den grauen Fassaden der Altstadt vorbeifahren und gute Bilder abgeben. Doch unsere Erwartungen haben sich nicht erfüllt. Die meisten Fahrzeuge, die uns in der Stadt begegneten, waren ebenfalls gelb – all die Busse und Taxen, die DHL-Wagen und sämtliche Lieferservicefahrzeuge, die den Berlinern das nach Hause lieferten, was sie dringend brauchten und wie verrückt im Internet bestellt hatten.

Am Brandenburger Tor trafen wir bei unserem Ausflug auf eine große Demonstration. Hunderte von leeren Stühlen standen mit Sicherheitsabstand nebeneinander aufgereiht, auf jedem Stuhl der Name eines Berliner Clubs oder eines gastronomischen Betriebes. Auf diese Weise protestierten die Clubbetreiber und Restaurantbesitzer gegen die Ignoranz der Regierung, die noch immer keinen vernünftigen Fahrplan für die Wiedereröffnung der Gaststätten präsentiert hatte und reglos zusah, wie sich eine ganze Branche kaputtisolierte. Die Wirte und Clubmitarbeiter selbst waren nicht anwesend, es galt noch immer das Versammlungsverbot. Dafür war viel Presse gekommen. Radiojournalisten in Atemschutzmasken, Kameramänner und Menschen mit Mikrofonen an langen Angeln taten so, als würden sie die Stühle interviewen. Wir parkten unseren Bentley neben den Stühlen.

»Hallo! Wo sind denn die anderen?«, fragten uns die Journalisten.

»Welche anderen?« Wir verstanden die Frage nicht.

»Die anderen Autos!«

Die Berichterstatter dachten, unser gelber Bentley sei ebenfalls Teil einer Demo. Damit würde die Automobilindustrie
gegen die Untätigkeit der Politik protestieren.

Gleich hundert Meter weiter rechts, auf dem großen Platz
vor dem Reichstag, fand eine weitere Großdemonstration
statt, Fridays for Future, diesmal ohne laute Kinder und
Rentner auf Fahrrädern. Mehrere Polizeieinheiten bewach-
ten Tausende von Plakaten, die auf dem Boden lagen. »Die
Dinos dachten auch, sie hätten mehr Zeit«, stand drauf und:
»Oma, was ist ein Schneemann?« Die Umweltaktivisten, die
jeden Freitag für den Klimaschutz demonstrierten, hatten
sich diesmal eine besondere Variante ausgedacht: Die auf
dem Boden liegenden Plakate sollten von einer Drohne aus
der Luft gefilmt und auf allen Kanälen in den sozialen Netz-
werken gezeigt werden. Doch der Wind war zu stark, die
Drohne wackelte zu heftig, und die schwach befestigten Plakate flogen durch die Luft. Mir hat es das Plakat »Schützt
die Welt, nicht das Geld« beinahe direkt ins Auto geweht.
Die Polizisten liefen den Plakaten hinterher, sammelten sie
ein und trugen sie auf die für Plakate vorgesehenen Plätze
zurück.

Für mich war eine der schlimmsten Erfahrungen dieser
Pandemie, dass unsere körperliche Anwesenheit vor Ort
überhaupt nicht notwendig war. Man konnte eine Disko
ohne Clubs und ohne Tänzer veranstalten, ein Konzert ohne
Zuschauer, man konnte sogar ohne Demonstranten demonstrieren – es ging!

Die Polizisten langweilten sich ein wenig, die Pappkartons segelten weiter durch die Gegend.

Auf dem Rückweg schaute ich bei meinem Lieblingsfischladen vorbei, ich hatte zu Hause versprochen, ein paar Doraden für das Abendessen zu kaufen. Meine Mutter liest nämlich seit Beginn der Pandemie Kochbücher und schaut sich Kochsendungen an. Für den Abend war geschmortes Doradenfilet auf Zitronen-Dill-Schaum geplant. Meine Tochter bereitete zu Hause selbst gemachtes Sushi und Frühlingsrollen zu, mein Sohn fragte Mama, was er am besten mit grünem Spargel anstellen könne. Viele sind in dieser Isolation zu Starköchen geworden, weil plötzlich Zeit zum Kochen da war und die Gaststätten alle geschlossen waren.

Im Fischladen traute ich meinen Augen nicht. Da saß eine ältere Frau mit einem Glas Weißwein am Tisch, als wäre nichts gewesen und die Pandemie längst vorbei.

»Das ist meine erste Lehrerin«, erklärte mir der Fischladenbesitzer. »Sie ist gerade von der Schule gekommen und muss am Montag wieder arbeiten gehen.«

Die Schulen hätten an dem Tag langsam den Betrieb aufnehmen sollen, zumindest die Abschlussklasse.

»Und?«

»Es ist keiner gekommen. Alle Eltern haben ihre Kinder krankgemeldet. Das geht ganz einfach, Telefonanruf genügt. Man muss nicht einmal zum Arzt gehen, weil die Ärzte Angst vor Corona haben. Das Vertrauen in das Schulsystem hat gelitten. Es wird nicht leicht sein, die Kinder wieder in die Schule zu bringen«, meinte der Fischladenbesitzer. »Und was sollen die Lehrer machen? Staub wischen, Blumen pflanzen? Was wäre, wenn wir nie mehr aus der Quarantäne herauskommen? Dann müssen die Kinder nichts weiter lernen als Hände waschen. Für die Isolation reicht ihre Kompetenz damit durchaus. Und du mit deinem Bentley fährst einfach hier herum? Hilft dein Bentley gegen Corona?«, machte sich der Fischmann über mich lustig.

»Das ist nicht mein Auto«, sagte ich. »Nur ausgeliehen. Und, ja, Mensch! Schnelles Fahren reduziert die Wahrscheinlichkeit einer Ansteckung.«

Kapitel 9

Der Tag der Solidarität

»Das ist die perfekte Welle, das ist der perfekte Tag, lass dich einfach von ihr tragen, denk am besten gar nicht nach«, hörte ich aus dem Nachbarfenster, da trampelten schon Menschen auf dem Parkett. Sie feierten in kleinem Kreis den 1. Mai, den Tag der Solidarität der Arbeiterklasse. Dabei saß ein Großteil der arbeitenden Bevölkerung zu Hause im Homeoffice. Das Robert Koch-Institut – kurz RKI – warnte im Fernsehen ununterbrochen vor der zweiten und dritten Infektionswelle. Unpassendes Lied, dachte ich. Und das ganze Fest findet sowieso zur falschen Zeit statt. Eigentlich sollte man den 1. Mai in diesem Jahr verschieben, wie man auch sonst alle Feste, Festivals und Konzerte verschoben hat, auf später, in die Zukunft, auf irgendwann. Es wurde schon so viel verschoben, all die Lebensläufe, Hochzeiten, Begräbnisse und Schulabschlüsse, nur der Frühling und der 1. Mai ließen sich nicht verschieben.

Die Menschen verloren langsam die Geduld, das konnte ich am Beispiel meiner Nachbarn sehen. Wie alle im Land hatten sie die ersten zwei Monate Lockdown stillschweigend hingenommen, zu groß war die Angst vor der neuen unbekannten Krankheit. Sie lobten sogar Frau Merkel, was sie früher nie getan hatten. Auf einmal wuchs das Vertrauen in die Politik. Man hatte das Gefühl, die Menschen würden jedem Gesetz, jeder noch so absurden Anordnung zustimmen, nicht mehr aus dem Haus gehen und sich noch weniger oder gar nicht bewegen, außer um sich die Hände zu waschen, auch wenn sie nichts und niemanden angefasst hatten. Sie würden ihre Augen schließen und ihre Ohren verstopfen, denn man wusste noch immer nicht genau, zu was dieses verdammte Virus noch alles fähig war. Und sollte das Corona-Kabinett anordnen, dass man sich beim kurzen Gang an die frische Luft gut sichtbar ein Thermometer in den Mund stecken müsse, würden die Menschen auch das tun. Eine Freundin meiner Tochter teilte ihr mit, sie habe ihre Wohnung seit sechs Wochen nicht verlassen können, weil das Treppenhaus zu eng sei. Sollte sie auf den Stufen einem Nachbarn begegnen, könnte sie den vorgeschriebenen Abstand von 1,5 Metern nicht einhalten, und das mache ihr große Angst. Sie wurde von ihren Eltern mit Lebensmitteln versorgt.

Es war zweifelsohne eine Sternstunde der Politik. Es ist auch nicht schwer, ein zutiefst verängstigtes Volk zu regieren, das zu Hause sitzt, auf weitere Anweisungen wartet und alles tut, was man von ihm verlangt. Keine Rangeleien mit der Opposition, keine Proteste, keine großen Demonstrationen zum Tag der Arbeit. Sämtliche Persönlichkeitsrechte mussten dem Gesundheitsschutz weichen. Das Versammlungsrecht, das Arbeitsrecht, das Recht, sich frei zu bewegen und mit mehreren Personen an einem Tisch zu sitzen. Nur einige wenige meldeten Zweifel an den Einsperrmaßnahmen an. Was war, wenn diese Kontaktsperre die Pandemie nicht beendete, sondern nur sinnlos verschleppte? Ob wir nicht in eine Diktatur der Virologen hineinglitten? Und wie ging es eigentlich Schweden?, fragten die kritischen Stimmen.

Damit es nicht zu langweilig wurde, hat die Regierung dann doch Demonstrationen erlaubt. Allerdings durften nicht mehr als zwanzig Personen zusammenkommen, die zudem einen vorgeschriebenen Abstand zueinander einhalten, auf speziell markierten Kreisen stehen und am besten auch noch einen Mundschutz tragen sollten. Die erste Demo dieser Art fand in Cottbus statt, eine Summ-Demo auf dem Marktplatz in der Innenstadt. Die zwanzig versammelten Menschen summten leise in ihren Mundschutz hinein, in Begleitung eines Geigenspielers. Sie summten den Gefangenenchor aus *Nabucco*: »Wo in Freiheit wir glücklich einst lebten … hmmhmm … teure Heimat, wann seh' ich dich wieder.« »Summen stärkt das Immunsystem«, stand als Erklärung am nächsten Tag in der Zeitung. Die Menschen auf dem Platz wollten angeblich auf diese Weise ihre Angst vor finanziellen Problemen, ihre Einsamkeit und die Sorgen um ihre Angehörigen zum Ausdruck bringen. Ich bildete mir ein, sie wollten darauf hinweisen, wie stark der Lockdown das alte Deutschland veränderte. Selbst wenn das Virus abebbte, würden die Menschen noch imstande sein auszugehen, zusammen mit anderen zu essen und zu feiern? Fußball zu schauen? Konzerte in der Philharmonie zu besuchen? Ihre Kinder bedenkenlos in die Schule zu schicken?

Am 1. Mai fuhren viele junge Berliner nicht nach Kreuzberg, sondern in den Wald. Dort konnte man noch ausgelassen in Gruppen feiern ohne Masken und ohne Angst, von der Polizei angehalten zu werden. Auch meine Tochter machte sich mit ihren Freundinnen und Freunden auf den Weg in den Wald. Die Mädchen hatten ihre besten Kleider angezogen, nämlich die, die sie beim Abiball getragen hatten. Für ihr Picknick an der frischen Luft hatten sie vorsorglich eingekauft und hatten in vielen Schlangen gestanden, die durch Corona-Abstandsregelungen entstanden waren. Egal, was man kaufen wollte, für alles musste man sich erst einmal einreihen. Nicole hat früher mit ihren kommunistisch denkenden Freundinnen permanent darüber diskutiert, was im Sozialismus falsch gelaufen war. Man habe beispielsweise stundenlang Schlange stehen müssen, um ein paar Hosen zu kaufen, argumentierte meine Tochter. Sie würden liebend gerne Schlange stehen, konterten damals ihre Freunde, in der Zeit könne man schließlich überlegen, ob man die Hosen auch wirklich brauchte. Nun hatten sie die Möglichkeit, am eigenen Leib zu erfahren, wie es sich anfühlte, für jede Kleinigkeit anstehen zu müssen. Und, ja, sie waren ganz schön egokapitalistisch genervt, diese Kinder des Wohlstandes und des Widerstandes.

Der Wald war stark verraucht, und überall sprangen einem dicke Hasen, Studenten und Menschen mit Gewehr entgegen. Ab dem 1. Mai waren nämlich im Land Brandenburg die Rehe zum Abschuss freigegeben, und viele Menschen, die sich noch immer nicht von ihrem herrschaftlichen Denken befreit hatten, wollten nun sich selbst und den Rehen beweisen, was für Prachtkerle sie waren. Die Hasen hatten vor den Jägern keine Angst. Sie durften nämlich noch nicht bejagt werden und wussten augenscheinlich um ihre Rechte.

Die Jugend fühlte sich in Anwesenheit der Jäger allerdings unsicher.

»Erschießen Sie uns bitte nicht«, baten sie einen alten Herrn, der mit Hut, Gewehr und Bierflaschen im Rucksack vorbeikam.

»Ich gebe mir Mühe«, nickte der Alte konzentriert, »muss aber jetzt Bambi suchen gehen«, fuhr er fort und lächelte.

Diese Jäger waren schon ein komisches Volk, ihr Verhalten ein Erbe aus dunkler Vergangenheit. Die Jugend konnte es nicht glauben. Wie kann man auf Bambi schießen? Die Menschen waren einfach die bösesten Lebewesen. Und jetzt töteten sie auch noch überall auf der Welt die Fledermäuse, weil sie dachten, die armen Tierchen seien an ihrem Unglück schuld. Dabei ist der Mensch seines eigenen Unglücks Schmied, schon immer gewesen.

»Es ist für mich nicht nachvollziehbar, dass diese Rentner mit Zustimmung des Staates hier einfach den Mord an einem Reh planen«, sagte die Kommunistenfreundin. »Sie spazieren einfach in den Wald hinein und erschießen Bambi, den Traum der Kinder in aller Welt. Dabei ist Bambi eigentlich überhaupt kein Reh, sondern ein Hirsch.«

Der Jäger war dem berühmten Bambi-Irrtum zum Opfer gefallen. Das österreichische Ur-Bambi war zwar ein Reh, doch im Laufe der Zeit ist es bei Disney zu einem Weißwedelhirsch umgestaltet worden, denn in Amerika gab es keine Rehe. Die Freunde meiner Tochter erklärten einander gegenseitig, wie Hirsche sich von Rehen unterschieden, bis der Whiskey alle war. In der Dunkelheit fuhren sie mit dem Zug nach Berlin zurück.

»Nächste Woche öffnen die Zoos. Karten muss man im Internet kaufen und bestimmt vor dem Eingang Schlange stehen, aber lass uns trotzdem hingehen«, meinte meine Tochter. Sie habe gelesen, dass die Zootiere depressiv würden, wenn sie diese komischen Menschen zu lange nicht sahen, die sonst immer vor ihren Käfigen und Absperrungen standen, sich am Kopf kratzten, in der Nase bohrten oder mit ihren Handys winkten. Die Tiere fühlten sich ohne Publikum sehr einsam, alleingelassen und nicht wohl.

»Wir müssen sie unbedingt besuchen«, beschloss meine Tochter.

In Berlin verliefen die Demos zum 1. Mai voraussehbar ruhig. 5000 Polizisten waren bei der Traditionsdemonstration gegen den Kapitalismus im Einsatz, auf zwei Balkonen in Friedrichshain wurden aus Protest Feuerwerkskörper gezündet, die polizeiliche Deeskalationseinheit wurde mit Farbbeuteln beworfen, und ein Einsatzfahrzeug wurde beschädigt.

Gleich nach diesem Fest begannen die Regierungen in einzelnen Bundesländern mit einer vorsichtigen Lockerung der Isolationsmaßnahmen. Sie wetteiferten dabei um die Schlagzeile, das vorsichtigste und gleichzeitig mutigste Bundesland zu sein. In Bayern beschloss der Regierungschef, den Lockdown zu verlängern. Sofort ließ Sachsen verlauten, sie würden die Ersten sein, die ihre Biergärten wieder für die Besucher öffneten. Daraufhin änderte Bayern radikal den Kurs und deutete an, seine Biergärten sofort aufzuschließen. Sachsen-Anhalt preschte mit der 5-Mann-Regel vor, wonach fünf Personen gleichzeitig auf die Straße gehen durften, auch wenn sie nicht zum selben Haushalt gehörten. Träfen sie dabei jedoch auf weitere fünf Personen, die nicht zu ihrem Haushalt gehörten, müssten alle sofort nach Hause gehen oder auf der Stelle einen neuen Haushalt gründen.

Die neuen Regeln waren wirr, unübersichtlich, skurril. Doch man merkte, dass Bewegung in die Sache kam. Das Land bebte nicht, aber es zappelte, zitterte und hopste auf der Stelle. Grazil wie eine seltsame Ballerina, eine Mischung aus Kröte und Schmetterling, absolvierte es einen seltsamen Tanz in den Mai: raus und los zur Freiheit, zu den Sternen, aber mit Abstand und vorsichtig. »Schritt für Schritt«, hypnotisierten uns die Politiker, Schritt für Schritt für Schritt, eins, zwei, drei!

Kapitel 10

Die Reise zum weißen Pferd

Menschen, die außerhalb ihrer Heimat leben und dazu noch eine Fremdsprache beherrschen, werden oft als Grenzgänger bezeichnet. Als wäre ihr Leben ein ständiger Balanceakt zwischen zwei Kulturen und ein riskantes und abenteuerliches Unternehmen. In Wahrheit verlief meine Karriere als Grenzgänger ziemlich unspektakulär, ohne Verfolgung, ohne Schießerei. Die ersten 23 Jahre meines Lebens saß ich eingeschlossen und etwas gebückt in meiner Heimat, der Sowjetunion, fest. Es gab keine rechtliche Möglichkeit, das Land des entwickelten Sozialismus zu verlassen. Offiziell waren wir das glücklichste und gerechteste Land der Welt. Wer ein solches Land verlassen wollte, musste entweder kriminell oder psychisch krank sein. Dementsprechend wurde mit Ausreisewilligen umgegangen: Sie landeten in der Klapse oder im Knast. Kurze Besuchsreisen ins westliche Ausland waren nur hochrangigen Parteigenossen möglich, die im Staatssystem fest verankert waren. Und auch sie mussten ihre Familien als Geisel daheimlassen, bevor sie sich auf den Weg machten.

Meine Freunde und ich lebten mit dem Gefühl, rein zufällig in dieses Land hineingeboren zu sein. Wir nannten uns

»Random People«, und für solche »zufälligen Menschen« waren Ausreisepässe nicht vorgesehen. Doch als das sozialistische System zu bröckeln begann, durfte ich plötzlich in die DDR einreisen, und zwar ganz ohne Reisepass und ohne Visum, dafür mit einer sogenannten »Passeinlage«, einem vom Meldeamt ausgestellten Fetzen Papier, auf dem stand, dass es mich tatsächlich gab. Mit dieser Einlage stieg ich damals zusammen mit einem Freund in den Zug und fuhr erst über die sowjetische und dann die ostdeutsche Grenze: raus aus einem Land, das sich gerade auflöste, und rein in ein anderes Land, das es bald nicht mehr geben würde. Der beginnende Verwesungsgeruch der Staaten muss auf die Grenzsoldaten bereits betäubend gewirkt haben. Jedenfalls haben sie uns damals nicht einmal kontrolliert.

Später in Deutschland bekam ich einen hellblauen »Alien-Pass« für staatenlose Bürger unklarer Herkunft, »Random People« eben. Theoretisch durfte ich damit zwar verreisen, musste aber für jede Reise ein Visum beantragen. Das war mir zu anstrengend. Also verbrachte ich viele Jahre in bundesdeutscher Isolation und malte mir Auslandsreisen aus, ohne wirklich einen Koffer packen zu müssen. Außerdem hatte ich das Gefühl, schon überall gewesen zu sein. In einem früheren Leben vielleicht? Ich wusste ganz genau, wie die Welt draußen war, ohne sie einmal gesehen zu haben.

Etliche Jahre später wurde ich deutscher Staatsbürger, Deutschland wurde Teil des Schengen-Raums, alle Länder verrührten sich zu einem globalen Eierkuchen, und das Reisen wurde einfacher als einkaufen oder Kaffee trinken gehen. Ich flog einmal schnell um die Welt – und sie war genau, wie ich sie mir vorgestellt hatte. Alle Vorurteile und Klischees bestätigten sich. Ich gewöhnte mich jedoch an das ständige Herumreisen und konnte irgendwann nicht länger als eine Woche an einem Ort verbringen. Dann kam Corona. Das Virus hat die Länder wieder auseinandergetrieben. Längst verschwundene Grenzen wurden wieder aufgestellt, neue, nie da gewesene Grenzen kamen hinzu, und eine Auslandsreise wurde zu einem großen Abenteuer, einem riskanten Unternehmen.

Für den Frühling und Sommer hatte ich mehrere Filme über traditionsreiche Kulturstädte geplant, die sich in der modernen Zeit behaupteten, über Festivals, Festspiele und Kunstmessen, die über Jahrzehnte, gar Jahrhunderte hinweg immer wieder Tausende Menschen zusammengebracht hatten. Doch all diese Zuschauermagneten mussten abrupt abgesagt oder geschlossen werden – »wegen Corona«. Bis auf eines, die Spanische Hofreitschule in Wien. Seit 500 Jahren lebten mitten in der österreichischen Hauptstadt Pferde einer besonderen Rasse, Lipizzaner, die von der K.-u.-k.-Monarchie zu Repräsentationszwecken aus fünf Blutlinien immer weiter gezüchtet wurden.

»Das Pferd ist der edelste Sieg über die Natur, der den Menschen jemals gelungen ist«, hatte der kaiserliche Stallmeister einst verkündet. Gemeint war, dass sich der Mensch mit dem Pferd einen großen kräftigen Freund zurechtgezüchtet hatte, der ein Leben lang auf ihn angewiesen war, mit den Menschen lebte und starb. Von all diesen Freunden entsprachen die Lipizzaner perfekt dem menschlichen Geschmack: nicht zu groß, schneeweiß, niedlich und mit dem Charakter eines Ponys, menschenlieb und freundlich. Zwar konnten diese Pferde nicht besonders schnell galoppieren oder schwere Kanonen durch die Sümpfe ziehen, aber sie konnten tanzen, mit dem Po wackeln, auf den Hinterbeinen stehen, und sie beherrschten die Levade und die Kapriole.

Die Schule hatte einen strengen Tagesplan. Im Halbstundentakt mussten die Pferde trainiert, gefüttert, gekämmt und herumgeführt werden. Zweimal die Woche gab es Vorführungen in der königlichen Reithalle. Zuschauer waren meist asiatische Touristen und andere Gäste, während die Wiener selbst die Reitschule mieden Eine typische Geschichte, die in vielen Hauptstädten gilt. Die Einheimischen wissen in der Regel ihr Glück nicht zu schätzen und verachten die Sehenswürdigkeiten der Heimat.

Ein wenig erinnerte mich die Spanische Reitschule an das Lenin-Mausoleum in Moskau. Auch das wurde vor allem von Touristen besucht. Dieser Lenin war zwar nicht so alt wie die Lipizzaner, aber auch er wurde seit fast hundert Jahren gepflegt, gekämmt, gestaubsaugt, überwacht und zur Besichtigung angeboten. Für die Moskauer war das Mausoleum jedoch nicht von Interesse. Sie wussten zwar, dass es existierte und dass dort ein wichtiges Stück ihrer Geschichte lag, sie besuchten es aber trotzdem nicht. Die Touristen fanden Lenin hingegen nach wie vor toll. Doch es gab natürlich einen großen Unterschied zwischen Lenin und den Lipizzanern: Der Führer des Weltproletariats war tot, die Lipizzaner aber lebten. Sie sahen aus wie vor 500 Jahren, und sollte jemals ein Angehöriger der K.-u.-k.-Monarchie durch ein Wunder aus seinem ewigen Schlaf erwachen, würde er diese

Pferde sofort erkennen. Er würde in den Sattel springen und losreiten, als wäre nichts gewesen.

Das Interessante an dieser Schule war aus meiner Sicht aber, dass sich dort trotz Corona-Krise nicht viel verändert hatte. Gut, die wöchentlichen Aufführungen waren weggefallen, und auch das hundertjährige Jubiläum des Gestüts Piber in der Steiermark, wo der Lipizzanernachwuchs durch den sogenannten »Natursprung« produziert wurde, das als ein Riesenfest mit vielen Gästen und Pferdeauftritten geplant war, fiel ebenfalls ins Wasser. Sonst aber blieb der Alltag der Pfleger, der Bereiter und der Pferde unverändert wie im Kaiserreich. Die Angestellten standen um 6.00 Uhr morgens auf und zogen ihr übliches Tagesprogramm durch: Kaiser grüßen, Pferde putzen, Sattel anpassen, auf zwei Beinen stehen, Hufe zeigen und herumspringen. Wir konnten dort also trotz Pandemie unseren Film drehen – nach einigen Vorbereitungen.

Die Österreicher waren natürlich äußerst vorsichtig. Sie hatten Angst, das Filmteam aus dem verseuchten Deutschland könne die Pferde anstecken. Für den Dreh waren deswegen zwei Papiere notwendig, eine Unabkömmlichkeitserklärung, die bescheinigte, dass der Dreh unbedingt stattfinden sollte, und ein negativer Corona-Test, der bei Beginn der Dreharbeit nicht älter als vier Tage sein durfte. Nach den Dreharbeiten mussten sich alle Eingereisten in Deutschland sofort und auf direktem Wege in eine zweiwöchige Quarantäne begeben samt aller in ihrem Haushalt wohnenden Personen.

»Der Preis ist mir ehrlich gesagt zu hoch«, meinte unser

Kameramann. Er hegte noch die Hoffnung, ein weiteres lukratives Angebot zu bekommen, einen Dschungelcamp-Dreh im Spreewald oder eine Folge »Bauer sucht Frau«. Die könnte er aber nicht wahrnehmen, wenn er nach unserem Dreh für zwei Wochen in Quarantäne müsste. Die Regie, eine mutige Frau aus Hamburg, war dagegen bereit, für den Pferdefilm ihre Freiheit zu riskieren.

Ich selbst saß bereits seit zwei Monaten ohne Job fest. Alle Lesungen waren wegen Corona ausgefallen, der Buchhandel konnte keine Bücher verkaufen, das Magazin *Abenteuer und Reisen*, für das ich schrieb, hatte den Betrieb eingestellt. Es gab in unserer neuen Realität weder Abenteuer noch Reisen, worüber also sollten sie berichten? Über Homecooking? Ich wollte den Pferdefilm daher um jeden Preis drehen. Die Unabkömmlichkeitsbescheinigung besorgte uns die Produktionsfirma, für den Test war jeder selbst verantwortlich.

Ganz zu Anfang der Pandemie hatten sich bei uns im Bezirk viele Menschen testen lassen wollen, und lange Schlangen hatten vor den wenigen ärztlichen Praxen gestanden, die solche Tests durchführen konnten. Nicht jeder durfte hinein. Nur Menschen, die aus dem gefährlichen Ausland kamen, in Kontakt zu bereits identifizierten Infizierten standen oder akute Symptome aufwiesen, wurden mit dem Corona-Test beehrt. Inzwischen hatte sich die Lage entspannt, und auf jeder Straße schossen Testabnahmestellen wie Pilze aus dem Boden. Gleich um die Ecke fand ich eine solche »Außenstelle des Zentrums für Infektiologie GbR«, sie versprachen, die Ergebnisse innerhalb von 48 Stunden zu liefern.

Die Termine wurden online im Zehnminutentakt vergeben, ich hatte einen für 10:10 Uhr bekommen. Die Außenstelle der Infektiologie GbR befand sich im Vorraum eines Jugendzentrums. Zwei Menschen arbeiteten dort, ein Student, angetan mit Maske und weißgrauem Kittel, und eine ältere Dame mit Waschlappen, die nach jedem Getesteten dessen Sitz desinfizierte. Der Student gab mir ein Wattestäbchen und nuschelte in die Maske, ich solle mir das Stäbchen möglichst tief in den Rachen schieben und in das Glas auf seinem Tisch legen. Diese Außenstelle im Jugendzentrum funktionierte wie eine chemische Reinigungs-Annahmestelle in Obst- und Gemüseläden: Sie sammelte bloß alles ein und schickte es dann zur Bearbeitung weiter. In diesem Fall ins Labor.

Zwei Tage später erhielt ich per SMS die Nachricht, dass ich nicht an Corona erkrankt sei, und per Post zwei ausführliche Rechnungen. Für Isolierung der Nukleinsäuren, enzymatische Transkription, Amplifikation und Fragment-Identifizierung der Sonde verlangte man von mir 167,57 Euro. Die zweite Rechnung beinhaltete eine Beratungsgebühr. Wahrscheinlich war damit das Nuscheln in die Maske gemeint, sowie eine Beratung mittels Fernsprechanlage? Tatsächlich hatte mich die Dame, als ich auf den Knopf an der Eingangstür drückte, gefragt, ob ich einen Termin hätte. Und sie hatte »guten Tag« gesagt, als sie die Tür öffnete.

Mit der SMS konnte ich aber nicht nach Österreich fliegen. Ich rief im Zentrum für Infektiologie an und erklärte mein Anliegen: Ich brauchte eine schriftliche Bescheinigung, am besten mit Stempel und Unterschrift.

»So etwas haben wir nicht«, meinte die Stimme am

anderen Ende. »Aber einen Befundbericht können wir Ihnen aushändigen.« Darin stand meine Fallnummer und dass ich einen negativen Abstrich im Rachen vorzuweisen hätte. Ganz unten fand sich im Kleingedruckten noch der Hinweis, dass ein negatives Testergebnis eine Infektion nicht ausschloss. Das sollte reichen, um nach Österreich zu gelangen.

Es gab allerdings keinen direkten Flug von Berlin nach Wien mehr. Ich musste erst mit dem Zug nach Hamburg fahren, dort im Hotel am Flughafen als einziger Gast übernachten, um am nächsten Tag über Frankfurt weiter nach Wien zu fliegen. Die halbe Nacht verbrachte ich mit der Rezeptionistin am Tresen. Sie hatte eine Kaffeemaschine und Wein. Ihr Mann war in Quarantäne auf einem Kreuzfahrtschiff, das seit zwei Monaten im Hamburger Hafen lag. Die Mannschaft durfte das Schiff nicht verlassen, und die Rezeptionistin hatte den schlimmen Verdacht, dass ihr in Quarantäne verschollener Seemann mittlerweile eine andere kennengelernt hatte.

In der Lobby des Hotels stand ein Monitor, der alle Flüge anzeigte, die von Hamburg abgingen. Es waren drei: einer nach Frankfurt, einer nach Mallorca und einer nach Amsterdam.

»Gut, Amsterdam und Frankfurt, das sind die Zubringer, damit die Reisenden weiterkommen«, überlegte die Rezeptionistin. »Aber von Mallorca kommt man zurzeit doch gar nicht weg. Kaum zu glauben, dass es noch Menschen gibt, die nach Malle fliegen wie in alten Zeiten!«, wunderte sie sich. Wir stießen auf die alten Zeiten an.

»Und Sie? Wo wollen Sie hin?«, fragte sie mich.

»Ich fahre nach Wien, einen Pferdefilm drehen. Bin unabkömmlich, auch systemrelevant genannt«, klärte ich sie auf.

Am nächsten Tag am Flughafen Wien fühlte ich mich zum ersten Mal im Leben wirklich wie ein Grenzgänger. Die schwerbewaffnete Grenzpolizei bearbeitete als Erstes jeden, der sich der Grenze näherte, mit Desinfektionsmitteln. Mich wollten sie erst gar nicht hineinlassen und lachten meinen Testbefund aus. Sie hielten ihn für einen Witz.

»Wie lautet der Name des behandelnden Arztes?«, fragte mich der Grenzpolizist. »Haben Sie eine Telefonnummer der Praxis? Eine Unterschrift? Was ist das überhaupt für ein Zentrum für allgemeine Infektiologie ohne Telefon? Wollen Sie mich auf den Arm nehmen?«

»Die arbeiten dort mit modernen Methoden ohne Telefon, dafür mit SMS!«, verteidigte ich meine Papiere. »Hier, sehen Sie, ich habe sogar zwei SMS von ihnen bekommen.«

Die Polizisten lasen ungläubig meine SMS sowie den Brief der Spanischen Hofreitschule, schüttelten den Kopf und ließen mich ins Land. Sie würden bei mir eine Ausnahme machen, meinten sie, der Pferde wegen.

Das Filmteam – einen Kamera- und einen Tonmann bekamen wir vor Ort von einer österreichischen Produktionsfirma gestellt – fuhr mit zwei Autos nach Piber, unserem ersten Drehort, um dort die Entstehung der Lipizzaner durch den Natursprung zu drehen.

In dem kleinen Ort zwanzig Kilometer vor Graz waren alle Geschäfte und auch die Hotels und Gaststätten geschlossen. Weit und breit war kein einziger Mensch auf der

Straße zu sehen. Wir waren auch in einem vollautomatischen Hotel einquartiert, das offenbar ohne Menschen auskam. Man musste auf einem Display vor der Haustür einchecken, die notwendigen Personalien eintippen und bargeldlos bezahlen, dann warf der Automat eine Chipkarte mit der Zimmernummer aus. Ich hatte die Nummer 13. Für den Abend waren wir im Pferdestall zum Filmen des Natursprungs verabredet.

Ich hatte mittlerweile Hunger und ging erst einmal in die Stadt, auf der Suche nach Essbarem. Es war ein seltsames Gefühl, in diesem menschenleeren Ort spazieren zu gehen. Der Brunnen vor dem Rathaus sprudelte mit voller Kraft, die Ampeln an der Kreuzung schalteten von Rot auf Grün, doch es fuhren keine Autos, und auf den Bänken neben dem Brunnen saßen nur die Tauben, als wären die Bänke extra für sie aufgestellt worden.

Die Szenerie erinnerte mich an einen alten sowjetischen Albtraum – die Neutronenbombe. Die Amerikaner wollten diese Wunderwaffe angeblich gegen die Sowjetunion einsetzen. Uns wurde in der Schule ein Lehrfilm über die Bombe gezeigt, die die komplette Bevölkerung tötete, Häuser und Gegenstände aber intakt ließ. In diesem Film konnte man sogar einen Kinderwagen vor der Tür eines Supermarkts sehen. Der Kinderwagen war schwarz, und es lag kein Baby darin. Diesen schwarzen Kinderwagen habe ich als Erinnerung an meine Schule und die Bombe für immer behalten.

Nach einer halben Stunde traf ich endlich auf Menschen. Sie standen an einer Tankstelle, viele hielten Plastikbecher in der Hand, eine Gruppe Jugendlicher hörte laute Musik und rauchte. In Zeiten der allgemeinen Kontaktbeschränkung hatte sich das öffentliche Leben an die Tanke verlagert. Hier konnten die Leute Wein, Bier, Zigaretten, Lebensmittel und positive Energie tanken. Es war wie bei uns in Brandenburg. Die Tanken entwickelten sich zum neuen gesellschaftlichen Mittelpunkt. Vielleicht könnte ich irgendwann einmal eine Lesung an einer Tankstelle halten, überlegte ich.

Die Pferdemenschen im Gestüt Piber hatten sich inzwischen sorgfältig auf den Natursprung vorbereitet. Sie machten sich nämlich große Sorgen um die richtige Kameraeinstellung für dieses Ereignis, auf das sie mächtig stolz waren. Überall sonst auf der Welt wurden Pferde inzwischen künstlich besamt, der Markt dafür war riesengroß. Auch die Samen der Lipizzaner wurden in alle Welt verschickt und verkauft. »Schon eine Ladung kostet zigtausende Dollar«, erzählten uns die Pfleger. Nur hier auf dem Gestüt Piber entstand der Lipizzaner-Nachwuchs auf natürliche Weise, ganz so, wie von der Natur vorgesehen.

Ich war ziemlich überrascht. Bei uns in Nordbrandenburg hielten viele Menschen Pferde. Natürlich keine Lipizzaner, es waren in der Regel Gute-Laune-Pferde ohne edlen Stammbaum. Viele Leute hielten auch Hühner, Schafe, Kühe, Ziegen oder andere schwer definierbare Herdentiere, die mit viel Wolle umwickelt waren, und all diese Lebewesen vermehren sich mittels Natursprung. Und das ziemlich heftig. Von früh bis spät bebte die Erde im wahrsten Sinne des Wortes. Jedes Mal, wenn ich an einer Brandenburger Herde vorbeikam, hingen dort Tiere aufeinander. Das habe ich den Piberanern allerdings nicht erzählt, um sie nicht unnötig zu verstimmen.

Sie sollten ruhig in dem Glauben bleiben, sie hätten die einzigen Naturspringer auf der Welt.

Die Hochzeit der Lipizzaner musste allerdings aufwendig vorbereitet werden. Mehrere Stuten wurden einem erfahrenen Schnupperpferd vorgeführt, das sie von hinten sehr zart beschnupperte. Manchmal bekam es nur einen großen Furz oder sogar einen Stoß mit dem Hinterhuf auf die Schnauze. Das bedeutete, die Stute hatte gerade Migräne, keine Lust oder war in Gedanken mit anderen Dingen beschäftigt, erklärten uns die Pferdezüchter. Dann wurde die unwillige Stute zurück in ihre Parzelle geleitet und die nächste dem Schnupperpferd vorgestellt. Wenn sich eine Stute aber willig zeigte, indem sie mit dem Hintern wackelte und sich vollpinkelte, musste das Schnupperpferd in den Stall, es durfte nämlich selbst nicht springen. Das Schnupperpferd war nur für das Vorspiel zuständig, durfte sich nicht vermehren. An seiner Stelle wurde der von Pflegern ausgewählte Hengst geführt, der den Sprung mit einer solchen Heftigkeit absolvierte, dass unser ganzes Filmteam samt Regiefrau und mir vollbesamt und angepinkelt wurde. Ich schaute mir meine ehemals weißen Turnschuhe an. Im Automatikhotel gab es keinen Wäschedienst. Auch die Regiefrau hatte für mindestens zehntausend Dollar ungeborenes Lipizzanerleben auf ihr Kleid abbekommen. Na gut, dachte ich, wenn man einen Film über Pferde drehte, durfte man sich keine Gedanken um saubere Schuhe machen.

Gott, war ich froh über diesen Job! Nach zwei Monaten zu Hause genoss ich das aktive Leben. Ich genoss die Gesellschaft, auch wenn sie hauptsächlich aus Pferdestuten bestand.

Und auch die Stuten freuten sich über jede Minute, die sie jenseits ihres Stalls auf den Wiesen verbringen durften. Die Menschen, die diese Pferde pflegten, lebten allerdings in einer Traumwelt. Ich glaube, sie flüchteten in die Welt ihrer Tiere, um sich von der unerfreulichen Gesamtsituation abzulenken. Sie sprachen nicht von Corona, von der Pandemie, von der österreichischen Politik. All ihre Gedanken kreisten um die Pferde: welcher junge Hengst demnächst nach Wien an die Reitschule befördert und welcher in Piber bleiben würde, und ob die trächtige Stute Dora heute Nacht ihr Fohlen zur Welt bringen würde. Dann könnten wir bei der Geburt eines Lipizzaners dabei sein und dieses zauberhafte Ereignis filmen. Diese schneeweißen Pferde kamen nämlich ganz pechschwarz auf die Welt und konnten schon nach zehn Minuten auf eigenen Beinen stehen. Sie bekamen mit der ersten Portion Muttermilch alle notwendigen Abwehrstoffe, die sie ein Leben lang vor allen Krankheiten schützen sollen. Und jedes neugeborene Tier wurde in das Stammbuch des Gestütes eingetragen. Dora ließ sich mit der Geburt allerdings Zeit, sie wollte wahrscheinlich nicht bei einer solch intimen Handlung gefilmt werden.

Eine Pressefrau der Spanischen Hofreitschule wollte unsere Aufnahmen sicherheitshalber noch checken, bevor wir Richtung Wien abreisten.

»Das geht überhaupt nicht!«, regte sich die Regie auf. »Das ist Zensur pur! Noch nie mussten wir gedrehtes Material den Protagonisten zeigen.«

Es gehe nicht um das ganze Material, beruhigte uns die Pressefrau, sondern nur um die Aufnahmen des Natursprungs.

Der sei eine sehr ambivalente Handlung und könne ganz unterschiedliche Emotionen auslösen, je nachdem wie man ihn filmte. Drehte man den Natursprung von vorn, sah er unglaublich romantisch aus: Zwei weiße Pferde wurden plötzlich zu einem, und es schien fast, als wollten sie gleich fliegen. Drehte man den Sprung von hinten, wirkte er wie ein Hardcore-Pferdeporno.

Unser Kameramann war ein echter Profi. Er hatte den Sprung von allen Seiten gedreht, und er kam trotzdem romantisch rüber.

Abends in Wien angekommen ging ich durch die Stadt spazieren. Auch hier waren die breiten Einkaufsstraßen leer, und vor den Schaufenstern der teuren Modegeschäfte saßen Menschen in Trainingsanzügen, Invaliden, Bettler und Obdachlose, Flaschensammler ohne Flaschen, Jugendliche, die ihr Gras rauchten und mitgebrachtes Bier tranken. So hatte ich Wien noch nie erlebt. Die Hauptakteure waren daheimgeblieben: die Touristen mit ihren Kameras, die bürgerlichen Familien mit Kinderwagen, die Geschäftsleute mit Headsets. All die üblichen Verdächtigen, die sonst tagaus, tagein die Straßen Wiens bevölkerten, waren aus dem Straßenbild verschwunden. Gleichzeitig hatte man augenscheinlich die Flüchtlingsheime, Krankenhäuser und Erziehungsanstalten leergeräumt, damit diese Menschen sich nicht untereinander infizierten. Plötzlich waren sie alle draußen an der frischen Luft. Etwas zu essen konnte man sich nur bei Spar oder Billa besorgen. Die Lieferservices wollten nicht ins Hotel liefern, und Bestellungen wurden von ihnen nur telefonisch aufgenommen, nicht »face to face«.

Die Denkmäler der österreichischen Hauptstadt, all die grünen Reiter aus der Vergangenheit, blickten nicht zu dem kaputten, kranken Volk hinunter, sie schauten nach vorne Richtung Horizont, in eine verheißungsvolle Zukunft, in der es keine Viren gab oder alle Menschen immun waren. Am Horizont war aber nicht viel zu sehen, nur ein paar Wolken standen wie festgenagelt am Himmel, und einige Tauben kreisten über der verlorenen Hauptstadt. Auch die Passanten schienen an den Denkmälern keinen Gefallen zu finden.

Nur beim Heldendenkmal der Roten Armee brummte das Leben. Ich glaube, alle Russen in Wien hatten sich an diesem Tag auf dem Schwarzenbergplatz versammelt. Viele trugen Uniformen der sowjetischen Armee, und gemeinsam verwandelten sie die Wiese hinter dem Denkmal in einen Picknickrasen. Sie schnitten Wassermelonen auf, öffneten Weinflaschen, leicht angetrunkene sowjetische Patrioten winkten mit roten Fahnen, und ein Frauenchor sang alte russische Kriegslieder. Es war der 9. Mai, der Tag des Sieges über den Faschismus. Überall in Europa wurde das Ende des Zweiten Weltkrieges am 8. Mai gefeiert, nur die Russen feierten einen Tag später, um sich von den anderen zu unterscheiden. Je mehr Zeit verging, desto wichtiger wurde dieses Fest für die Russen. Sie erinnerten sich gerne daran, was sie einmal für die Welt waren: die Retter und Befreier. Sie hatten allen Grund, stolz auf ihr Land zu sein. In letzter Zeit hatte es dafür weniger Anlass gegeben.

Ich konnte die Begeisterung meiner Landsleute nicht teilen. Immerhin war dieser Krieg eine blutige Massenschlacht gewesen, die Millionen Menschen ins Jenseits befördert und unsägliches Leid über den Planeten gebracht hatte. Was gab es da zu feiern? In meiner Familie, die viele Angehörige im Krieg verloren hatte, war der 9. Mai immer ein Anlass für Trauer und Tränen. Doch an diesem Tag in Wien war ich froh, die Russen bei guter Laune zu sehen. Sie saßen eng zusammen, umarmten und küssten sich, manche sogar auf die Lippen, und sangen zusammen im Chor, obwohl das Chorsingen aus virologischer Sicht eine Katastrophe war. Die Wiener Russen lebten in der Vergangenheit, als gäbe es keine neuen Kriege, keine Flüchtlingsströme und keine Corona-Pandemie, als würde die Welt nur noch singen und feiern und heilfroh sein, dass die Russen den Faschismus besiegt hatten, damals vor 75 Jahren.

»Komm, setz dich zu uns, wo kommst du her?«, sprachen mich die verkleideten Rotarmisten an.

Ich sagte ihnen die Wahrheit: Ich sei aus Berlin nach Wien gekommen, um einen Film über Pferde zu drehen. Da lachten die Russen, sie hielten das für einen Witz.

Die nächsten drei Tage verbrachte ich im Stall. Wir drehten die Pferde von vorne, von hinten, von links und von rechts. Ich hatte in meinem ganzen Leben noch nie so viele Pferde gesehen wie in diesen drei Tagen in Wien. Wir interviewten die Sattelmacher, den Tierarzt, die Pfleger, den Hutmacher, der die berühmten Zweispitze anfertigte, den Schmied, die Lehrlinge, die Bereiteranwärter, die Bereiter und Oberbereiter. Die innere Ordnung der Schule wurde durch eine strenge Hierarchie aufrechterhalten, in der auch fest vorgeschrieben war, in welcher Reihenfolge wir die Interviews führen sollten. Am Ende des letzten Tages sprach ich mit der Leiterin der Reitschule, Frau Klima, der ehemaligen Ehefrau des ehemaligen österreichischen Kanzlers. Ich wusste überhaupt nicht, was ich sie noch fragen konnte.

»Frau Klima«, fing ich von Weitem an, »alle europäischen Hauptstädte haben eine lange und spannende Geschichte hinter sich, doch in der Regel erscheint uns diese Geschichte in Stein und Marmor, in Gestalt uneinnehmbarer Festungen und Burgen, prachtvoller Schlösser und Denkmäler. Hier in der Spanischen Hofreitschule erscheint sie uns in Form von Lebewesen. Sie lebt, sie atmet und furzt dem Betrachter quasi direkt ins Gesicht …«

Frau Klima lachte herzlich darüber, dass die Geschichte furzte. Mir war nicht nach Lachen zumute. Wir waren in Wien in einem Hotel nahe des Bahnhofs untergebracht, wo es statt Frühstück ein Lunchpaket gab, das man sich abholen und auf dem Zimmer essen sollte. Die wenigen Mitarbeiter des Hotels, die obendrein in Kurzarbeit waren, hatten beschlossen, die Zimmerreinigung auf das Notwendigste zu reduzieren und erst nach Abreise der Gäste überhaupt zu putzen. Überall in meinem Zimmer lagen leere Lunchpakete und das Stroh, das ich jeden Tag aus dem Stall mitbrachte. Das allgegenwärtige Stroh und der es begleitende penetrante Pferdegeruch wurden zu meinem natürlichen Lebensraum. Noch ein wenig länger, und ich würde anfangen zu wiehern und mit den Hufen zu scharren.

Ich hatte in dieser Woche fast ausschließlich Menschen kennengelernt, die Pferde mehr liebten und schätzten als jedes andere Lebewesen. Sie waren mit ihnen aufgewachsen, hatten Pferde auf der Arbeit und welche zu Hause. Auch die

Chefin, Frau Klima, hatte privat vierzig Pferde und konnte endlos über diese Tiere reden. Außer für Pferde interessierte sie sich auch für Russland und für die österreichische Politik. Verständlich, denn in dieser Politik ging es ähnlich zu wie in einem Pferdestall. Es wurde ständig über alle getratscht und geklatscht.

Österreicher waren anders als die Deutschen. Das merkte man schon, wenn man nur die politischen Nachrichten las. Während sich deutsche Nachrichten wie Formulare eines Ordnungsamtes lasen, erinnerten die österreichischen an einen Familienstreit. Am Tag meiner Abreise nach Hause war die Hauptnachricht in Wien, dass der Hund des Ex-Ehemannes der ehemaligen Außenministerin exhumiert werden musste.

Was war da denn los?, staunte ich und kaufte sofort eine Zeitung. Damals, als die Rechten mit Kanzler Kurz koaliert und zusammen eine Regierung gebildet hatten, hatten sie eine parteilose Frau aus der Steiermark als Außenministerin an Bord geholt. Diese hatte kurz danach einen bekannten österreichischen Geschäftsmann geheiratet und Putin zu ihrer Hochzeit eingeladen. Seinerzeit hatte Russland durch die Annexion der Krim und den nachfolgenden Krieg in der Ostukraine, den die russische Regierung angezettelt hatte, allgemeine Verachtung und Sanktionen zu spüren bekommen. Putin wurde zur Persona non grata in Europa. Es war daher ein politischer Skandal, als er plötzlich auf der Hochzeit der österreichischen Außenministerin tanzte. Er war auch nicht mit leeren Händen in die Steiermark gekommen, sondern hatte angeblich einen alten Samowar und einen jungen Tanzbären als Geschenk mitgebracht, außerdem einen Donkosakenchor, der bei der Hochzeit »Auf ewig glückliches Zusammenleben« singen sollte.

Noch am gleichen Abend war Putin wieder verschwunden, und die Außenministerin musste viel Kritik einstecken, weil sie so unverantwortlich gehandelt und fremde Präsidenten zu ihrer Hochzeit eingeladen hatte. Zu ihrer Verteidigung meinte sie, es sei eigentlich rein zufällig passiert. Sie habe eigentlich Kanzler Kurz einladen wollen, der hatte aber keine Zeit. Putin stand zufällig daneben, hatte alles gehört, und es wäre unhöflich von ihr gewesen, ihn nicht einzuladen.

Mich hatte das Schicksal des Donkosakenchors damals sehr beschäftigt. Hatte Putin ihn wieder mitgenommen oder in der Steiermark bei der Frau Ministerin weitersingen lassen? Wusste die Frau überhaupt, wie viel Pflege Donkosaken brauchten? Sie mussten mindestens drei Mal am Tag an die frische Luft und singen, sonst würden sie anfangen zu gammeln. Ich hatte sogar überlegt, eine Anfrage an das Österreichische Außenministerium zu schicken, um mich nach dem Befinden der Donkosaken zu erkundigen, ließ es aber dann sein. Das Schicksal des Chors blieb ungeklärt.

Nun war seit der Hochzeit viel Zeit vergangen. Dank der Ibiza-Affäre hatte der Anführer der rechten Partei zurücktreten müssen, und seine ganze Fraktion war ihm entschlossen in die Opposition gefolgt, bis auf die Frau im Auswärtigen Amt, die nicht zurücktreten wollte. Sie war ja auch parteilos. Das hat ihr viel Hohn und Schimpf eingebracht, und am Ende musste sie die Regierung doch verlassen.

Dann kam Corona. Die Frischverheirateten stellten fest, dass sie einander nicht wirklich mochten. Der geschäftlich stark angeschlagene Ehemann hatte auf weitere Kredite und eine Freundschaft mit Putin gehofft, wenn er die österreichische Außenministerin heiratete. Nun aber war sie keine Ministerin mehr, und Putin war auch weg. Der Ehemann verbrachte mehr Zeit mit seinem überaus geliebten Hund als mit seiner Frau. Er ging mit dem Tier drei Mal am Tag spazieren und redete mit seiner Frau kein Wort. Das brachte sie auf die Palme. Sie stritten heftig. Außerdem hatte das Paar finanzielle Schwierigkeiten, wie die österreichische Presse berichtete. Was mich nicht weiter wunderte, sie mussten wahrscheinlich täglich hundert Donkosaken ernähren.

In der häuslichen Quarantäne drehte der Mann angeblich durch und soll sogar handgreiflich geworden sein. Die ehemalige Außenministerin zeigte ihn an und erwirkte einen Gerichtsbeschluss: Der Ehemann durfte sich ihrem Haus nicht mehr nähern. Danach brachte sie den Hund ihres Mannes zum Tierarzt und sagte, der Hund sei todkrank und müsse sofort eingeschläfert werden. Der Tierarzt erfüllte ihren Wunsch. Nun behauptete der Ehemann, sein Hund sei gar nicht krank gewesen und dessen Einschläferung ein Racheakt. Er warf seiner Frau vorsätzliche Tiertötung vor. Der Hund musste also exhumiert werden, damit das Gericht klären konnte, wie gesund oder krank er zum Zeitpunkt seines Todes tatsächlich gewesen war.

Diese Leidensgeschichte versetzte mich in eine Starre. Ich versuchte mir deutsche Politiker in einer ähnlichen Situation vorzustellen. Vergeblich. Bei den deutschen Kollegen weiß man nicht einmal, ob einer von ihnen einen Hund oder überhaupt ein Haustier hat. Und wenn ja, welches? Ein Chinchilla, ein Eichhörnchen, eine Kröte zum Knutschen?

Wir verabschiedeten uns herzlich von den Österreichern, von Menschen und Pferden. Alles würde gut werden, bald werde die Pandemie vorbei sein, zum Ende der Woche sollten in Wien und Berlin sogar schon die Restaurants wieder öffnen, beruhigten wir uns gegenseitig. Aber ich werde nicht dabei sein, dachte ich und stellte schon Pläne auf, wie ich die zweiwöchige Quarantäne verbringen könnte, meine unvermeidliche Strafe für den kleinen Ausflug. Aber während ich noch in der Luft hing, hoben deutsche Gerichte die zweiwöchige Pflichtquarantäne für Einreisende aus den EU-Staaten auf. Ich war also frei und durfte hingehen, wo ich wollte. Zum Beispiel in ein Restaurant. Ich konnte es kaum erwarten.

Kapitel 11

Restaurants

Wir wissen, dass wir nichts wissen. Wir tasten uns vorsichtig durch die neue Realität, die sich an manchen Stellen fast wie die alte anfühlt. Dort, wo Leidenschaft und Verwirrung aufeinandertreffen, entstehen Verschwörungstheorien. Erstaunlich, wie unterschiedlich sie sind. In ihnen spiegeln sich uralte Ängste, Phobien und Unsicherheiten wider. Die deutschen Verschwörungstheoretiker argwöhnen, dass etwas Böses dieses wunderschöne Land unterwandern will, um uns unsere Freiheiten wegzunehmen. Das wollen sie auf keinen Fall zulassen, wer auch immer dahintersteckt – die US-Banken, der Windows-Erfinder, die WHO, das RKI, Lotto-Toto oder die Stiftung Warentest. Finstere Mächte wollen uns manipulieren und unser Privatleben und unseren Konsum kontrollieren, denn wer das Konsumverhalten der Deutschen kontrolliert, dem gehört das Land.

In der Türkei lautet die vorherrschende Verschwörungstheorie, die Homosexuellen aller Länder würden hinter Corona stecken. Dabei hätten sie es in erster Linie auf die Türkei abgesehen. Aus irgendeinem Grund lieben die schwulen Verschwörer die Türken ganz besonders, vielleicht weil es so temperamentvolle und offene Menschen sind.

Russische Verschwörungstheorien sind besonders dramatisch. Das Land wird seit Jahrzehnten von einer kleinen Gruppe regiert, die alles in der Hand hat: die Wirtschaft, die Medien, die gesellschaftlichen Institutionen, die Gerichte und so weiter. Nur dass diese kleine Gruppe nichts Gescheites damit anfangen kann. Das Land verarmt, die Ölpreise sind im Keller. Deswegen ist diese Pandemie in den Augen vieler Russen eine Art Personalabbau. Ein erheblicher Teil der Bevölkerung, der nicht bei der Öl- und Gasindustrie beschäftigt ist und nicht in der Verwaltung des riesigen Landes arbeitet, ist eigentlich nur ein Kostenfaktor für diesen Staat, der wie ein Großkonzern regiert wird. Und obwohl der Präsident vor Heimatliebe und Volksnähe nur so strotzt, glauben die Menschen nicht an die guten Absichten der Führungsetage. Es kriselt da oben gewaltig. Und was tut man in einem Unternehmen, wenn Krisenzeiten drohen? Ganz richtig: Personalabbau.

Mir gefallen die deutschen Verschwörungstheoretiker am besten, denn sie geben der Hoffnung Nahrung, dass unsere alte, kranke, arme, kaputte Welt noch nicht allen egal ist. Die bösen Buben wollen uns ja haben, sie wollen uns kontrollieren, uns vorschreiben, wann wir ins Restaurant gehen dürfen und in welches. Wir sind ihnen also nützlich. Ich weiß zwar nicht wofür, aber es fühlt sich gut an. Auf diese Weise wird das ganze Land aufgewertet und das Volk respektiert. Jemand braucht uns, jemand denkt an uns! Ein gutes Zeichen für die Zukunft. Denn solange die Bösen mit uns noch etwas vorhaben, sind wir nicht verloren. Egal wer das sein mag, Bill Gates, Lotto-Toto oder die Stiftung

Warentest, ich will ihnen zurufen: Leute! Kommt endlich raus aus eurem Versteck, kommt ans Licht! Stellt endlich eure Forderungen, man kann über alles reden! Ich bin sicher, wir kommen zusammen.

So dachte ich auf dem Weg ins Restaurant. Ich hatte mit meinem Freund Helmut eine Wette abgeschlossen: Er behauptete, die Restaurants wären gleich am ersten Tag nach dem monatelangen Lockdown rappelvoll. Ich war dagegen skeptisch und dachte, die Restaurants würden noch eine Weile leer stehen, bis die Menschen es wieder wagten auszugehen. Nicht umsonst erzählte man ständig so lange und so eindringlich von der Gefahr, die jede menschliche Versammlung zwangsläufig mit sich brächte, vom Schlimmsten, das einem passieren konnte: Leiden, Krankheit, Tod. So etwas blieb in den Köpfen der Menschen lange hängen. Man konnte die Verbote lockern und die Maßnahmen ändern, aber die Gedanken, die Sorgen, das Unwohlsein, wenn man die anderen nur sah, all das bekam man mit einem Gesetzentwurf nicht weggebügelt.

Gut, Frisöre erlebten gleich am ersten Tag, an dem sie wieder aufmachen durften, tatsächlich einen Ansturm. Die Bürger wollten ihre Köpfe mindestens an der Außenseite formal wieder in Ordnung bringen. Aber die Geschäfte blieben leer. Der Spaß, shoppen zu gehen, hielt sich in Grenzen. Dann kamen die Cafés, die Restaurants, und in der Woche darauf sollten auch die Biergärten öffnen … Viele dürften sich fragen, ob es das Risiko wert war, jenseits des sicheren Zuhauses mit fremden Menschen in einem Raum zusammen zu essen.

Auf dem Weg ins Restaurant überlegte ich, wie wenig Sinn die meisten Gebäude der Stadt machten, wenn man sie nicht mit anderen zusammen besuchen konnte – all die Shoppingmalls, Theater, Kinos, Museen und Gaststätten. Im Grunde war fast alles, was gebaut wurde, für eine kollektive Nutzung gedacht. Wer wollte schon allein in einem Restaurant oder im Theater sitzen? Nur ein Verrückter, ein Soziopath. Menschen waren Herdentiere, ohne die anderen war man erledigt.

Das Restaurant war halb voll und halb leer zugleich. Die Kellner mussten Masken tragen, die Gäste auch, nur beim Essen durften sie sie selbstverständlich abnehmen. Der Oberkellner verteilte spezielle Formulare an die Gäste, auf denen man mit seiner Adresse und Telefonnummer bestätigte, dass man zum selben Haushalt gehörte. Es durften nämlich nicht mehr als zwei Haushalte an einem Tisch sitzen, damit man später im Notfall die Infektionsketten besser zurückverfolgen konnte. Die Salzstreuer, Pfeffermühlen und Brotkörbe waren von Corona aufgefressen worden, man konnte sie nur auf speziellen Wunsch für kurze Zeit bekommen, gründlich desinfiziert. Die Gäste fühlten sich ein wenig wie Labormäuse, mit dem Unterschied, dass wir uns alle freiwillig gemeldet hatten als Probanden für das große Experiment »Essen gehen während der Pandemie«. Die Kellner waren sichtlich genervt, die Kunden verunsichert, und wenn jemand zwischendurch hustete, schauten die Menschen über die Schulter dramatisch in seine Richtung. Und trotzdem war das ein Anfang des lang ersehnten gesellschaftlichen Zusammenseins.

Wenig später gingen wir mit der ganzen Familie in das Lieblingsrestaurant meiner Mutter, in das »Schwarz-Weiß-Restaurant«, wie es meine Kinder nennen. In der Tat hat diese Einrichtung wenig Farbe. An den Wänden hängen schwarz-weiße Fotos berühmter Hollywoodschauspieler italienischer Herkunft, die Tischdecken sind schneeweiß, die Wände schwarz, die Tische dunkelbraun, und das Personal trägt auch keine bunten Klamotten. »Der Laden passt zu Oma«, meinten die Kinder früher, als sie noch wirklich klein waren. Inzwischen sind sie erwachsen, aber damals waren sie überzeugt, dass ihre Oma aus einer Zeit stammte, in der die Welt nur von schwarz-weißen Menschen bevölkert wurde. Schließlich schaute die Oma im russischen Fernsehen ständig alte Schwarz-Weiß-Filme und kannte alle schwarz-weißen Schauspieler beim Namen, als wären es alte Freunde von ihr. Auch aufgrund der unzähligen Fotoalben, die Oma im Schrank aufbewahrte und den Enkelkindern gerne bei einem x-beliebigen Anlass zeigte, konnte man leicht auf die Idee kommen, dass die Oma selbst früher ebenfalls schwarzweiß gewesen war und erst mit dem Umzug nach Deutschland Farbe angenommen hatte. Ihre Zeitgenossen, Freunde, Verwandte und alle Schauspieler aus den alten Filmen, die es nicht geschafft hatten, rechtzeitig nach Deutschland zu gelangen, waren lebenslänglich schwarz-weiß geblieben. Auf diese Weise hatte die Sowjetunion in den Augen meiner Kinder etwas verspielt Märchenhaftes, es war ein unwirkliches schwarz-weißes Land voller Wunder. Bei mir waren sich die Kinder uneinig gewesen, ob ich mehr in die farbige oder in die schwarz-weiße Welt gehörte, weil meine Verwandlung zum Farbmenschen auf den Fotos viel früher als bei der Oma stattfand. Ich weiß eigentlich selbst nicht, zu welcher Welt ich gehöre. Manchmal überrascht mich nämlich meine Mutter mit Geschichten, die nur aus einem alten Science-Fiction-Film stammen können, der vor Erfindung des Technicolorverfahrens gedreht worden war.

So saßen wir neulich beim Frühstück, und meine Mutter prahlte mit ihrer hervorragenden geistigen Verfassung: Sie könne ihre Sudokus inzwischen mit geschlossenen Augen lösen, und für die russischen Kreuzworträtselhefte, die sie seit drei Jahrzehnten abonniert hat, brauche sie nicht einmal fünf Minuten.

»Es sind aber auch immer dieselben Fragen. Seit dreißig Jahren immer wieder dieselben plumpen Fragen«, beklagte sie sich. Zum Beispiel: »Wie heißt das Gerät zur Durchleuchtung von Eiern zur Qualitätskontrolle?« Das wisse doch wirklich jedes Kind.

»Wie bitte?« Ich verschluckte mich beinahe an meinem Frühstücksbrötchen. »Was für ein Gerät, Mama?«

»Das Gerät zur Durchleuchtung von Eiern.«

»Was soll denn das für ein perverses Ding sein?«, fragte ich.

»Erinnerst du dich wirklich nicht mehr?«, wunderte sich meine Mutter. »Das stand doch bei uns in jedem Supermarkt.«

Das hat mich ehrlich gesagt überrascht. Immerhin hatte ich dreiundzwanzig Jahre in dem schwarz-weißen Land verbracht, bin dort jeden zweiten Tag einkaufen gegangen und hatte nie ein Gerät zur Durchleuchtung von Eiern gesehen.

»Ich weiß noch genau, wie unsere Kaufhalle ausgesehen hat. Links vom Eingang war die Tomatensaftleitung mit einem Salzbecher auf dem Tresen, rechts die Kartoffelabwurfspirale. Wo fand die Eierdurchleuchtung statt?«

»Geradeaus links, hinter dem Mehlregal«, erinnerte sich meine Mutter. »Die standen doch in jedem Geschäft, diese schwarzen Kästen. Da konntest du deine frisch gekauften Eier drauflegen, unten auf einen Knopf drücken, und dann wurden sie mit einem starken weißen Licht durchleuchtet, sodass man sehen konnte, was in den Eiern drin war – ob sie klar oder trüb waren.«

»Mama, ich habe so etwas noch nie gesehen«, versicherte ich ihr.

»Wahrscheinlich wurden die Geräte noch vor deiner Geburt abgebaut. Ovoskope hießen sie. So gut kann ich mich an die Zeiten auch nicht mehr erinnern«, meinte meine Mutter. »Aber egal, lass uns endlich etwas bestellen.«

Wir brauchten lange, um zu bestellen, denn eigentlich hatte niemand von uns Hunger. Wir waren nur da, um ein Zeichen zu setzen. Auch die anderen Gäste tranken mehr, als sie aßen. Alle sahen ohne Masken irgendwie nackt aus. Man durfte ohne Maske zwar am Tisch sitzen, aber um auf die Toilette oder zum Rauchen nach draußen zu gehen, mussten die Menschen sich ihre Schutzmasken wieder umbinden.

Die Gäste hatten sich hübsch gemacht. Viele trugen Masken mit Muster, und am Nebentisch saß sogar eine Dame in einer goldenen Maske, die perfekt zu ihren grauen Haaren passte. Um Viertel vor zehn wurden wir aufgefordert zu gehen, denn pünktlich um 22.00 Uhr sollte das Restaurant

schließen. Sonst drohten hohe Strafen, erklärte uns der Oberkellner. Die Menschen wurden nachdrücklich aufgefordert,
den Raum zu verlassen, aber niemand wollte schon nach
Hause. Die Gäste standen noch eine Weile draußen vor der
Tür, rauchten und überlegten, wo sie noch hingehen könnten. Jemand erzählte, zwei Straßen weiter habe eine Bar aufgemacht, zwar ohne Tische und Stühle, aber dort dürfe man
draußen im Stehen noch einen Cocktail trinken.

»Dann los! Auf! Zum neuen Licht!«, rief die goldene
Maske, nahm ihre Begleitung und verschwand in der Dunkelheit.

Endlich normale Menschen, dachte ich. Sie wollen ausgehen und feiern. Denn inzwischen fragten sich viele, ob diese
neue Normalität gar nicht so abwegig, sondern womöglich
völlig normal war? Vielleicht hat uns das Mädchen Greta
durch den bösen Blick damals gar nicht verhext, sondern gerettet? Wir fahren weniger Auto, wir kaufen weniger ein und
verbringen mehr Zeit zu Hause. Viele lernen ihre Familien
erst jetzt richtig kennen, und die Umwelt erholt sich auch.

Es wird einem ganz mulmig ums Herz, wenn man in alten
Filmen sieht, wie unvorsichtig sich die Menschen früher
benahmen, wie ausgelassen sie feierten und tanzten, ohne
Abstand zueinander zu halten, oft mit mehr als sechs Personen in einem Raum. Aus heutiger Sicht nicht nur in Film
und Fernsehen ebenfalls unvorstellbar: Fremde Menschen
umarmten einander, und einige küssten sich sogar direkt ins
Gesicht, auf den Mund im wahrsten Sinne des Wortes. Im
Museum bewegten sich einst Besucher in großen Gruppen
von Bild zu Bild, von Skulptur zu Skulptur und betrachteten

Figuren, die sich wie Rodins Denker ins Gesicht fassten. Im Sommer lagen die Menschen noch im Jahr zuvor dicht nebeneinander am Strand, im Winter saßen sie aneinandergedrängt im Kino wie Heringe in der Dose und lachten alle gleichzeitig ohne Mundschutz direkt auf die Glatzen in der Reihe vor ihnen. Und die Konzerte in der Philharmonie? Kollektiver Selbstmord! Die komplette Risikogruppe versammelte sich dort vollzählig wie zum Schafott, ging gesammelt in der Pause durch dieselbe Tür hinein und hinaus und konsumierte dazu noch frisch gezapfte Getränke.

Was war das für ein kindisches Verhalten? Woher dieser Leichtsinn, die fehlende Selbstdisziplin? Schritt für Schritt haben wir die alte Welt abgebaut und bauten eine neue auf. Ab einem bestimmten Datum war zum Beispiel Bier vom Fass an der frischen Luft wieder zugänglich. Die Bayern durften zurück in die Biergärten, natürlich maskiert und unter strengen Auflagen – nicht mehr als fünf Personen am Tisch. Der Präsident des Bayerischen Brauerbunds versicherte, der pH-Wert des Biers sei für das Virus schädlich, das Putzelchen würde buchstäblich darin ersaufen. Die Menschen waren trotzdem vorsichtig. Inzwischen schien sich ganz Deutschland in zwei Kategorien aufgeteilt zu haben, so erlebte ich es zumindest in meinem Bekanntenkreis:

Die einen hatten eine Leidenschaft für Virologie entdeckt, wurden zu Hobbywissenschaftlern und entwickelten über den Tag immer neue Hygienekonzepte, die ihnen bei der Bewältigung ihres Alltags helfen sollten. Die anderen, wie meine Cousine, fühlten sich wie Supermann bzw. Superfrau. Sie waren der Meinung, sie hätten Corona bereits symptomfrei oder mit mildem Verlauf überstanden und dadurch eine Freikarte in die neue wunderschöne Welt bekommen. Sie konnten praktisch machen und tun, was sie wollten, sie waren immun. Nur aus Solidarität mit dem Rest der Bevölkerung und als Zeichen sozialer Disziplin trugen auch sie Masken und wenn nötig sogar Handschuhe. Sie wollten nicht, dass der Eindruck entstand, wir hätten jetzt schon eine Zweiklassengesellschaft, mit dem Antikörper-Supervolk auf der einen und abgehängten Risikogruppen auf der anderen Seite.

Beide Gruppen wollten nun in die Biergärten. Nur waren die Virologen extrem vorsichtig. Ihr Vorbild, der Chefvirologe Drosten, betonte immer noch, man solle kein Bier vom Fass trinken, weil man nie wisse, wie gründlich und ob überhaupt die Biergläser gespült worden seien. Zur guten Tradition der Biergärten gehörte aber schon immer das Recht der Gäste, ihre mitgebrachte Brotzeit aus Plastikdosen unappetitlich zu verzehren. Wenn also jeder mit seinem eigenen Essen in den Biergarten kommen durfte, warum dann nicht auch das eigene Bierglas mitbringen? Und sein eigenes Bier eigentlich auch?

Aber so weit wollen wir nicht gehen. Ich erinnere mich noch, wie meine Landsleute während der Olympischen Spiele 1980 in Moskau mit ihren eigenen Biergläsern zu den Bierautomaten gingen. Wir hatten damals ungewöhnlich viele ausländische Gäste aus Asien und Afrika, und laut offizieller sowjetischer Meinung waren darunter möglicherweise auch Kranke. Die inoffizielle Volksstimme behauptete, es seien mehrere Ausländer mit Automaten-Biergläsern gesichtet worden, die diese Gläser nicht zum Trinken benutzt hätten. Die Sowjetunion war damals ein abgeschottetes Land. Sämtliche Grenzen waren geschlossen wie nun in Deutschland auch, und man wusste zu wenig darüber, welche Geschenke außer Kaugummi und Jeans uns die Besucher aus fernen Ländern mitbringen würden, welche Bakterien, Viren oder Pilze. Also ging man für alle Fälle mit dem eigenen Bierglas zum Bierautomaten.

Nun sind die Biergärten in Deutschland, besonders die in Bayern, Ausdruck der Geselligkeit. Bei einem Biergartenbesuch geht es nicht so sehr ums Trinken, sondern ums Zusammensitzen mit anderen, darum, gemeinsam etwas zu tun. Und die Biergärten in Bayern waren seit ihrer Entstehung im 19. Jahrhundert nie geschlossen. Ob Krieg, Revolution, Brand oder Überschwemmung, egal welcher Feind kam, ob Preußen, Franzosen oder Amerikaner, Pest oder Cholera, die Biergärten blieben immer offen. Selbst wenn Außerirdische unseren Planeten angreifen würden oder infolge des Klimawandels die Sonne auf die Erde krachte, der Bierausschank im Freien bliebe bestehen. Der Bierfluss gehört zum natürlichen Lauf des Lebens. Solange das Bier fließt, kann uns nichts passieren. Also gehen wir hinaus an die frische Luft, winken einander zu und sagen prosit! Selbstverständlich in gebührendem Abstand zueinander und mit dem eigenen Zweiliterglas. Sofern man eines hat.

Kapitel 12

Katzen in Zeiten der Pandemie

Das Leben in der Sowjetunion war kein Zuckerschlecken, und es war außerdem eintönig und trist. Alle Menschen trugen den gleichen Haarschnitt, es fehlte an modischer Kleidung, an Spirituosen und Lebensmitteln, an Autos und Waschmaschinen, es fehlte an allem. Aber es war nie ein Problem, eine Katze zu bekommen. Jede anständige Familie hatte eine oder zwei. Ein altes russisches Sprichwort lautet: »Ein Leben ohne Katze ist wie ein Bett ohne Matratze«, und Sprichwörter sagen bekanntlich immer die Wahrheit.

Das Leben im entwickelten Sozialismus war wenig abwechslungsreich. Die Menschen gingen nicht jeden Abend auswärts essen, und im Fernsehen hatten wir nur drei Kanäle, deren Sendungen obendrein fast identisch waren. Es gab einen Kanal für Kinder, einen für Sportsfreunde und einen für Taubstumme. Im Kino konnte derselbe Film monatelang laufen. Also gingen wir am Wochenende einander besuchen, rauchten in der Küche, tranken und sangen Lieder zur Gitarre. In jedem Haushalt gab es eine Gitarre und eine Katze. Die Gitarre sorgte für heitere Stunden und die Katze für Wärme in den Zeiten des Kalten Krieges.

Frischgebackene Ehepaare bekamen traditionell eine

Katze zur Hochzeit geschenkt, sie sollte für den Zusammenhalt in der jungen Familie sorgen. Bei einem Umzug sollte die Katze als Erste die neue Wohnung betreten und sie »einweihen«, das heißt in eine Ecke pinkeln, sonst würden die Menschen in der Wohnung kein Glück haben, so hieß es. Und Rentner hatten immer eine Katze, die gegen die Einsamkeit half. Es war dabei ein Leichtes, sich eine Katze zu beschaffen. Die Tiere wurden nämlich in der Sowjetunion nicht sterilisiert, sodass ständig bei irgendjemandem im Haus eine Katze Junge bekam, die sofort an Nachbarn, Freunde und Verwandte verteilt wurden. Unser Staat, der ständig bemüht war, alles Leben zu planen und zu kontrollieren, machte bei der Mensch-Katze-Beziehung beide Augen zu.

In Deutschland ist die Anschaffung einer Katze dagegen mit vielen bürokratischen Hürden verbunden. Und in Corona-Zeiten wurde es dann zu einem beinahe unmöglichen Unterfangen. Wir brauchten aber dringend eine. Denn Wassilissa, die getigerte Katze meiner Mutter mit einem großen M auf der Stirn, war nach einem langen und glücklichen Leben von uns gegangen. Sie hatte meine Eltern 18 Jahre lang durch die Wohnung begleitet. Als Mitbewohnerin, Wecker und Lebensorganisiererin hat sie unzählige Eishockeyspiele mit meinem Vater und Eiskunstlaufweltmeisterschaften mit Mama angeschaut, sie hat Tausende Wollknäuel durch die Wohnung gejagt und mit meiner Mutter zusammen imaginäre Mäuse auf dem Balkon ausgespäht. Sie ist sogar zweimal vom Balkon den Tauben hinterhergesprungen, ohne große gesundheitliche Schäden davonzutragen.

Die Pandemie ging ihr aber erkennbar auf den Geist. Sie

konnte keine Nachrichten mehr ertragen, entfernte sich demonstrativ vom Fernseher und fraß immer weniger. Der Tierarzt konnte nichts Konkretes feststellen. Etwas »Neurobiologisches« sollte das Leiden verursachen, was auch immer das heißen mochte. Nun war sie tot. Meine Mutter fühlte sich auf einmal alleingelassen, sie konnte sich nicht damit abfinden, dass die Katze nicht mehr da war. Immer wieder hörte sie ihre Wassilissa im Nebenzimmer auf dem Fußboden scharren. Sie wachte nachts auf, weil jemand auf ihren Füßen lag oder versuchte, ihre Decke vom Bett zu ziehen. Es war aber keiner da. Mehrmals erschien ihr die Katze im Schlaf und sprach mit tiefer eindringlicher Stimme auf Russisch auf sie ein: Sie solle nicht lange zögern, sondern sich dringend eine neue Katze besorgen. Und zwar nicht irgendeine überzüchtete Rassekatze für tausend Euro, sondern lieber eine alleingelassene getigerte Katze aus dem Tierheim.

Zusammen mit Mama durchforsteten wir Anzeigen und Webseiten von Katzenstationen oder Tierschutzvereinen mit so niedlichen Namen wie »Samtpfötchen e. V.« oder »Katzen in Not«. Wir schrieben sie an, wir bewarben uns, doch all unsere Bemühungen waren vergeblich. Es schien, als wollten diese Tierschützer uns einfach keine Katze geben. Die Anforderungen, die sie an künftige Besitzer stellten, waren kaum zu erfüllen. Katzen, die meiner Mutter gut gefielen, waren entweder nur an Haushalte mit großem Garten zu vergeben, benötigten Freigang, zumindest aber einen Sparringspartner oder einen separaten Raum mit psychologischer Beratung. Andere brauchten kreatives Futterangebot für Allergiker. Die Tierschützer wollten wissen, wie gut unsere Balkongitter gesichert waren, bestanden auf einem Vorbesuch, legten uns dreißigseitige Verträge vor und verlangten beglaubigte Auskünfte über den Gesundheitszustand der Bewerber. Mit einem Wort: Es war schwieriger, in Berlin eine Katze aus dem Heim als einen Kredit bei der Bank zu bekommen.

Immer wieder fragte man, ob meine Mutter genügend Erfahrung im Umgang mit Haustieren habe und ob sie diese Erfahrung nachweisen könne. Sie solle am besten die Katze ihrer Wahl erst einmal regelmäßig im Heim besuchen kommen und mit ihr zusammen etwa dreimal die Woche im Käfig sitzen, um festzustellen, ob es mit den beiden klappte, ob sich mit der Katze eine harmonische Beziehung aufbauen lasse. Diese Aufforderung hat meine Mutter sprachlos gemacht. Sie hatte sogar meinen Vater gleich nach dem ersten Kennenlernen geheiratet, ohne mit ihm vorher in einem Käfig gesessen zu haben.

Bei Privatanzeigen kamen wir immer zu spät. Kaum veröffentlichte jemand die Nachricht, er wolle seine Katze wegen eines Umzugs abgeben oder weil der Nachwuchs allergisch sei, riefen wir sofort an, doch das Tier war schon vergeben. In Zeiten der Pandemie litten anscheinend viele Menschen unter Einsamkeit. Katzen gingen weg wie geschnitten Brot, auch wenn eine hohe Ablösesumme verlangt wurde. Eines Nachts träumte meine Mutter sogar, sie habe eine Zusage vom Tierheim bekommen und sei sofort losgefahren, um eine wunderbare getigerte Katze mit einem M auf der Stirn abzuholen. Da sagte ihr der Tierheimleiter im Traum, um die Katze zu bekommen, müsse sie zuerst für ein halbes Jahr ein Kaninchen bei sich aufnehmen. Wenn sie es mit dem

Kaninchen schaffe, könne sie einen Antrag auf eine Katze stellen. Das Kaninchen saß schon abholbereit da, es war wie die Katze gestreift und trug ein M auf der Stirn, es war aber eben ein Kaninchen.

»Na gut«, sagte meine Mutter. »Gut, gut, gut. Wenn es nicht anders geht, dann nehme ich eben erst das Kaninchen.«

»Sie müssen aber auch eine Kaution für das Kaninchen hinterlegen. 5000 Euro«, sagte der Tierheimleiter.

»Ach, wissen Sie«, sagte meine Mutter, »das ist mir furchtbar unangenehm, aber ich habe mein Portemonnaie gerade zu Hause vergessen. Ich fahre gleich los und melde mich morgen wieder.«

Als sie aufwachte, wollte sie aber kein Kaninchen mehr.

»Ihr macht alles falsch«, meinten einige Freunde. »Ihr solltet bei euren Landsleuten, bei den Russen, suchen. Genauer gesagt bei den Menschen, die wie wir aus dem ehemaligen Katzenparadies Sowjetunion stammen.«

Leichter gesagt als getan, dachte ich. Wenn Russen lange genug in Deutschland leben, fangen sie nämlich auch an, ihre Katzen zu sterilisieren. Doch oft regelt der Zufall die Missgeschicke der Menschen.

In der coronabedingten Zwangspause haben mehrere Kneipenwirte bei uns in der Gegend beschlossen, ihr Ambiente zu erneuern. Der Lockdown war aber schon offiziell zu Ende, bevor sie mit der Renovierung fertig waren. Auf einmal traf ich meinen alten armenischen Freund Aram, der gerade dabei war, in meiner Stammkneipe ganz Paris an die Wand zwischen Flipper und Damentoilette zu malen. Ich kannte Aram als großen Künstler und Katzenliebhaber, er malte allerdings immer das Gleiche: Eiffelturm, Montparnasse, Saint-Germain-des-Prés, leichtsinnige Franzosen, die an Cafétischen saßen, und kleine Kätzchen, die unter diesen Tischen herumtollten. Ich erzählte ihm von unserer Katzensuche, und er wusste uns prompt zu helfen: Die Katze seines Nachbarn hätte letztes Jahr drei Junge bekommen, und eines davon sei getigert. Das wollten sie zwar nicht weggeben, aber für uns würde er sicher eine Ausnahme machen. Mama ohne Katze, das ginge einfach nicht, schüttelte Aram den Kopf. Ich war sehr froh, ihn getroffen zu haben, konnte mir jedoch eine Kritik seiner Malerei nicht verkneifen.

»Du bist so ein toller Künstler, Aram«, sagte ich. »Warum zum Teufel malst du immer wieder dieses Paris? Du hast es schon in Spandau, in Steglitz, auf dem Berliner Platz und jetzt auch hier gemalt. Was hast du mit Paris? Hast du dort gelebt? Diese Stadt muss ja unvergessliche Erinnerungen bei dir hinterlassen haben«, meinte ich.

»Ich liebe Paris«, sagte Aram, »aber ich war noch nie in Frankreich.«

Ich wäre beinahe vom Stuhl gefallen, als ich das hörte.

»Wie, du warst noch nie in Frankreich? Und du malst seit dreißig Jahren in Deutschland die Straßen von Paris?«

»Ich wollte ja schon immer hinfahren«, sagte er, »aber es hat nie geklappt. Früher waren die Kinder klein und die Katzen jung. Wir sind mit dem Wohnmobil ans Meer gefahren – nach Griechenland, Bulgarien, an die Ostsee. Und jetzt sind die Kinder groß und die Katzen alt. Meine Frau sagt: ›Aram, lass das sein. Wozu hinfahren? Du hast schon halb Berlin mit deinem Paris übermalt. Du willst nach

Frankreich? Dann geh in dein Café um die Ecke, setze dich an die Wand Saint-Germain Ecke Montparnasse und bestell einen Pastis. Besser dein eigenes Paris als ein gebrauchtes von irgendwem.‹ Und meine Frau hat recht, sie hat immer recht«, meinte Aram.

»Ja, sie hat recht«, bestätigte ich, und wir tranken auf Berlin, diese wunderbare Stadt, die so viel Paris und so wenig freie Katzen hat.

Kapitel 13

Colosseum

Nicht alle Geschäfte auf unserer Straße haben die dreimonatige Corona-Pause überlebt. Aber die Frisöre, die Waschmaschinenreparatur, der komische kleine Laden »Ersatzteile für Wasserpfeifen« und das von Indern betriebene mexikanische Restaurant El Cactus haben es geschafft. Sie sind mit den ersten Lockerungen aus dem Corona-Schlaf erwacht. Die Spätverkaufsstellen, die eigentliche Infrastruktur Berlins, waren gar nicht zu gewesen. Die Spätis sind sowieso das Geschäft der Zukunft, sie ersetzen bereits jetzt Kneipen, Post, Lebensmittelläden, Telefonshops und Familienbetreuung mit psychologischer Beratung. Ich glaube, dass die Späti-Verkäufer in ihren Läden leben, zumindest sehe ich sie Tag und Nacht. Entweder stehen sie hinter der Verkaufstheke, oder sie sitzen mit einem dicken Joint auf der Bank vor ihrem Laden.

Aber das größte Gebäude in unserer Straße, das Filmtheater Colosseum, hat es nicht geschafft, es ist in die Insolvenz gegangen. Das Colosseum gehörte natürlich zur Risikogruppe. Es war schon über hundert Jahre alt und hatte bereits mit Vorerkrankungen zu kämpfen. Es war Ende des neunzehnten Jahrhunderts als Pferdestall und Wagenhalle der

Berliner Straßenbahn errichtet und später zu einem Busdepot umgebaut worden. In der Weimarer Republik hieß es bereits Colosseum. »Das Lichtspieltheater für Stummfilmaufführungen mit Orchesterbegleitung« stieg mit seinen tausend Plätzen schnell zum beliebtesten Vergnügungsort Berlins auf. Im Zweiten Weltkrieg verwandelte sich das Filmtheater in ein Lazarett, in dem verletzte Faschisten und Wehrmachtsoldaten verarztet wurden. In der DDR avancierte das Colosseum zum Premierenkino der Hauptstadt und damit ganz Ostdeutschlands. In der letzten Zeit war es dem Colosseum allerdings schon nicht mehr sonderlich gut gegangen. Es war von einer amerikanischen Kinokette in Besitz genommen worden, die wiederum selbst ein Tochterunternehmen einer chinesischen Kommerzgruppe war. Anders gesagt, die hässliche Schlange des menschenfeindlichen Turbokapitalismus hatte unser altes Kino geschluckt. Die neuen Betreiber verscheuchten die letzten Kunden mit unsäglichen Preisen und verlangten beispielsweise für eine kleine Portion Nachos mit Käsesoße acht Euro. Wer konnte sich das leisten? Nun hatte Corona dem Kino den Todesstoß verpasst.

Meine Kinder und ich waren schon lange nicht mehr im Colosseum gewesen. Die Filme konnte man sich inzwischen alle zu Hause ansehen, und Nachos machten wir uns selbst. Trotzdem haben wir um das alte Kino getrauert, schöne Erinnerungen kamen hoch. Meine Kinder, inzwischen längst erwachsen, haben in diesem Haus ihre ersten Filme auf großer Leinwand gesehen. Meine Tochter Nicole war bei der Premiere von *Der kleine Eisbär* nach dreißig Minuten tränenüberströmt aus dem Saal gelaufen, nachdem sich der lustige

Zeichentrickfilm als krasser Horrorstreifen mit Schwerpunkt Tierquälerei entpuppt hatte. Der kleine Eisbär Lars war permanent vom Nordpol ins Wasser gefallen, und das bei eisigen Temperaturen. Er schwebte ständig in Lebensgefahr und hatte eigentlich keine Chance, das alles zu überstehen. Nur mit Glück konnte er dem Tod entrinnen. Nach dieser traumatischen Erfahrung ging meine Tochter jahrelang nicht mehr ins Kino, weil sie Angst hatte, den kleinen Eisbären zu treffen und wieder mit seinem traurigen Schicksal konfrontiert zu werden.

Ihr jüngerer Bruder Sebastian hat ein Jahr später im Colosseum zusammen mit seiner Kindergartengruppe die *Zwei Brüder* erwischt, einen Tierfilm, in dem es noch krasser zuging als bei Lars, dem Eisbären. Die Eltern der beiden Tigerbrüder wurden auf bestialische Weise umgebracht, die kleinen Babys missbraucht und zu Ringkämpfen gezwungen.

Es ist sicher nichts Neues, dass beinahe alle sogenannten Kinderfilme aus psychologischer Sicht eine Folter für empathiegeleitete junge Menschen darstellen. Die niedlichen Figuren in diesen Filmen müssen stets Schreckliches erdulden, und es gibt sicher eine massenpädagogische Begründung, warum das so ist. Ich habe sie nur nie verstanden. Mein Sohn wollte diese Tiger eigentlich gar nicht sehen, er war stattdessen an *Herr der Ringe – Teil 1* interessiert. Der Film war aber erst für 16-Jährige zugänglich. Ich habe heftig mit den Filmkartenverkäufern diskutiert und versucht, sie zu überzeugen, dass mein Sohn eigentlich längst reif für diesen Fantasyfilm sei, dass er schließlich auch bald sechzehn werde und gar nicht so jung sei, wie er aussehe. Sie haben mir nicht geglaubt, die Kartenverkäufer. Aus gutem Grund, Sebastian war damals fünf. Und im Colosseum haben sie immer sehr genau aufgepasst, dass die Kinder zum Heulen nur in Kinderfilme gingen. *Herr der Ringe – Teil 2* war später übrigens plötzlich ab 12, obwohl die Zwerge und Trolle nicht weniger heftig kämpften als im ersten Teil. Mit der neuen Altersbeschränkung hätten wir vielleicht sogar eine Chance gehabt, immerhin war Sebastian zu diesem Zeitpunkt bereits sieben Jahre alt. Aber da hatte er den Film bereits im Internet gesehen und wollte nicht mehr ins Kino.

Auch ich habe meinen ersten Film in Deutschland und Europa vor dreißig Jahren im Lichtspieltheater Colosseum gesehen. Ich kam im Sommer 1990 aus Moskau nach Berlin, und meine erste Wohnung in Prenzlauer Berg war nicht einmal dreihundert Meter vom Colosseum entfernt. Mein Freund Andrej und ich wollten unbedingt einmal ins Kino, am besten in einen richtig guten Film, in dem viel gekämpft und geschossen wurde. Im Colosseum lief damals *Pretty Woman*, Woche für Woche, Monat für Monat. Mehr aus Verzweiflung als aus echtem Interesse haben wir uns den Film eines Tages angesehen. Er lief auf Deutsch, und da unsere Sprachkenntnisse dafür nicht ideal waren, haben wir nicht wirklich verstanden, worum es ging. Aber mein Freund Andrej entwickelte zur Handlung trotzdem eine Theorie, die auch erklären sollte, warum dieser Film damals so lange im Colosseum lief. In den Augen meines Freundes war *Pretty Woman* eine Metapher für die deutsche Wiedervereinigung: Reicher Mann (sprich der Westen) lernt eine arme, aber recht nette Frau mit niedriger sozialer Verantwortung (sprich die

DDR) kennen und versucht, sie in seinem Sinn umzuerziehen. Am Ende werden sie zusammen glücklich.

Wir haben über diese Metapher damals gestritten und warteten auf den nächsten Film. Im Spätherbst 1990 verschwand *Pretty Woman* endlich aus dem Colosseum, und es kam *The Doors*. Das überlebensgroße Gesicht des Schauspielers Val Kilmer, der Jim Morrison täuschend ähnlich sah, verfolgte mich mit seinem Blick, kaum dass ich aus dem Haus trat. Ich hatte mich gerade an der Humboldt-Universität für das Studienfach Germanistik angemeldet, lernte Deutsch, hatte einen anstrengenden Job bei der Altkleidersammelstelle und musste täglich sehr früh aus dem Haus, um für die Arbeit nach Moabit zu fahren. Jeden Morgen um 6.30 Uhr stand ich schlecht gelaunt und unausgeschlafen auf dem Bahnhof der U-Bahn-Station Schönhauser Allee. Direkt gegenüber, an der Hausfassade des Colosseums, hing ein riesiges Plakat mit Morrisons Kopf. Der abwertende, schmaläugige Blick des Sängers bohrte Löcher in meine Jacke. Er schien zu sagen: »Junge, was machst du bloß alles falsch. Dein Studium wird nichts bringen, deine Arbeit ist pure Ausbeutung. Schmeiß alles hin, leb schnell, hab Spaß, hab Sex, Drugs und Rock 'n' Roll, und stirb jung.«

Ich war frisch aus einem sozialistischen Land ausgereist, in dem das Leben vieler junger Menschen nur aus Alkohol und Drogenexzessen bestand. Ich wollte aber ein anderes, ein neues, ordentliches Leben haben, in Freiheit. »Leck mich am Arsch, Jim, leck mich am Arsch«, dachte ich und stieg in die U-Bahn.

Kapitel 14

Der verlorene Sommer

Ich las das Neue Testament im Zug nach Oberammergau und fand tatsächlich überraschend viel Neues darin. Entweder hatte ich früheres Wissen verdrängt oder erfolgreich vergessen.

»Sie sind aber mutig«, sagte der Schaffner zu mir, weil ich mir erlaubt hatte, die Atemschutzmaske für kurze Zeit abzunehmen.

»Ich bin nicht mutig, ich kriege bloß keine Luft.«

In diesem Sommer sollte ich drei Dokumentarfilme über großartige Kulturevents drehen, die alle wegen der neuen Hygienekonzepte inzwischen abgesagt worden waren. Die Kunstliebhaber mussten zu Hause bleiben. Die Filme waren aber schon fest eingeplant. Unseren Pferdefilm in Österreich über die Spanische Hofreitschule hatten wir trotzdem geschafft, weil sich für die Pferde durch Corona wenig geändert hatte. Statt die restlichen beiden Filme zu streichen, beschloss die Fernsehredaktion kurzerhand, stattdessen eine Dokumentation mit dem Titel »Der verlorene Sommer« zu drehen. Wir würden zu allen Events fahren, die nicht stattfinden konnten, Künstler interviewen, die nicht auftreten durften, und mit Hoteliers und Restaurantbesitzern reden, die vor der Pleite standen.

Unsere erste Station war Montreux in der französischen Schweiz. Hier hatte das bedeutendste Jazzfestival Europas nicht stattgefunden, zum ersten Mal seit 1967. Ich war noch nie in der französischen Schweiz gewesen, in vielen anderen hingegen schon – in der sächsischen Schweiz, der fränkischen, der mecklenburgischen und der brandenburgischen. Ich wusste, dass es auch in der Schweiz mehrere Schweizen gab, doch die französische war für mich Neuland. Das Städtchen Montreux lag direkt an der Grenze zwischen der Schweiz und Frankreich, eingequetscht zwischen Bergen und See. Das Dorf auf der anderen Seite des Sees war zudem noch geteilt, die eine Hälfte gehört zu Frankreich, die andere Hälfte zur Schweiz. Die Franzosen hatten auf dem Höhepunkt der Pandemie sehr strenge Ausgangsbeschränkungen, die Schweizer nahmen es lockerer. Also durfte die eine Hälfte des Dorfes ohne Atemschutz auf der Promenade spazieren gehen, während die andere in häusliche Quarantäne gezwungen wurde.

In Montreux hatte man bereits ein großes Programm geplant. Die Festivalleitung sah die Sache mit dem Jazz nämlich nicht so eng: Ob Pop, Rock oder Folk, sie luden alle ein, die in Amerika und Europa Rang und Namen hatten. Hier hatten schon Ella Fitzgerald und Johnny Cash gesungen, Freddy Mercury hatte mit Queen im hiesigen Tonstudio seine Platten aufgenommen und Deep Purple »Smoke on the Water« eingespielt, nachdem Frank Zappa ihnen die Bühne abgefackelt hatte. Er fand es angeblich uncool, die Montreux-Bühne mit Deep Purple zu teilen. David Bowie und Radiohead, Miles Davis und Led Zeppelin waren ebenfalls hier gewesen. Kurz: alle außer Abba und Boney M. Santana hatte in einer Hotellobby Klavier gespielt, und Prince hatte dazu gesungen. Ein Hotelgast rief damals bei der Rezeption an, um sich zu beschweren – er könne nicht schlafen, weil jemand in der Lobby extrem lauten Krach mache, und das um drei Uhr morgens! Er sei nach dem Santana-Konzert todmüde ins Bett gefallen und wolle endlich seine Ruhe.

»Tut uns leid«, sagte der Nachtdienstler, »aber in der Lobby spielt gerade Mister Santana. Er hat wohl bei seinem Konzert noch nicht genug Musik gemacht.«

»Oh mein Gott, dann soll er weiterspielen!«, japste der Gast vor Begeisterung und legte auf.

Solche und ähnliche Geschichten erzählte man uns im Hotel Le Montreux Palace gerne. Wir besuchten auch das Casino, in dem Freddy Mercury sein Tonstudio hatte, drehten auf der leeren Promenade und in mehreren Hotelzimmern, in denen sonst die Stars übernachteten. Hier hat Mick Jagger Champagner getrunken, dort Leonard Cohen gefrühstückt …

»Normalerweise ist um diese Jahreszeit bei uns der Teufel los, das Hotel ist ausgebucht, an jeder Ecke spielt Musik, und alle Restaurants sind voll«, meinte der Hoteldirektor.

Die Absage des Festivals hat die Stadt hart getroffen und den Tourismus abgewürgt. Ohne Festival gab es für viele keinen Grund, Montreux zu besuchen. Für mich schon. Hier, im Hotel Montreux Palace, hatte nämlich der großartige russische Schriftsteller Wladimir Nabokov die letzten sechzehn Jahre seines Lebens verbracht. In Russland wird Nabokov als Literaturgott verehrt, man betrachtet ihn mit Ehrfurcht und Pietät. Jenseits der Heimat ist er einer der vielen seltsamen Russen, die den rationalen Westen mit ihrer »geheimnisvollen russischen Seele« immer wieder verwirren. In meinem Filmteam wussten die jungen Leute nicht einmal, wer Nabokov war. Die älteren kannten zumindest seinen Namen, konnten sich aber nicht erinnern, was genau er geschrieben hatte.

»*Lolita!*«, sagte ich. »Nabokov hat *Lolita* geschrieben, einen Roman über die Liebe eines älteren Mannes zu einer Minderjährigen!«

Lolita war allen sofort ein Begriff, immerhin gab es eine Verfilmung des Buches oder sogar zwei. Ein Skandalbuch und mit Sicherheit falsch verstanden. Die russische Literaturkritik der späten 90er-Jahre vertrat die Meinung, die Liebe sei in dem Roman eine Metapher für die komplizierte Beziehung Russlands zum Westen. Das unschuldige, aber kokette Russland wird vom erfahrenen, geilen Westen verführt und missbraucht, später aber rächt sich das Opfer und wird zu einer bestialischen Tante. Nabokov hätte sich über eine solche Interpretation sicher geärgert. Die Wahrheit über seinen Roman kennt nur der Autor, der aber ist 1977 in Montreux gestorben.

Ohne Zweifel war *Lolita* für ihn ein sehr wichtiges Buch. Erst dank dessen Erfolg bot sich Nabokov die Möglichkeit, seine ewige Flucht zu beenden und nach Montreux zu ziehen. Sein ganzes Leben lang war er unfreiwillig unterwegs gewesen. Als Achtzehnjähriger war er vor der russischen Revolution nach Deutschland geflohen. Er hasste das junge sowjetische Russland, die »Diktatur der Arbeiter und-

Bauern«, wie das Land damals offiziell hieß. Nabokov war kein Arbeiter und kein Bauer, es gab für ihn keinen Platz in dieser Diktatur der siegreichen Proletarier. Er wanderte nach Deutschland aus, genauer gesagt nach Berlin. Die Stadt gefiel ihm allerdings ganz und gar nicht. Er fand die Menschen fade und geschmacklos, ihre Art sich zu kleiden militaristisch, ihre Küche magenschädigend. Als wenig später die Nazis die Macht ergriffen, ging er, inzwischen verheiratet, mit seiner Frau nach Paris. Aber auch Frankreich geriet ihm in den falschen Hals.

Er fuhr weiter nach Amerika und fand dort überraschend viele Parallelen zu seiner Heimat. In Amerika herrschte zwar Konsumismus statt Kommunismus, doch auch der versprach den Menschen, dass sie in diesem System alle glücklich würden. Überall traf Nabokov auf Leute, die er nicht ausstehen konnte – Spießbürger mit ihrem kleinen Garten, ihrem Sonntagsgebet und ihrer stillen Vorfreude auf einen Hamburger.

Aus dem Schriftsteller wurde ein Misanthrop. Er mochte Schach, er mochte Spaziergänge – allein oder mit seiner Frau –, er mochte Vögel, Käfer und vor allem Schmetterlinge. Menschen mochte er nicht. Man kann nicht alle Kreaturen lieben. Besonders abwertend äußerte sich Nabokov über Studenten. In den USA hatte er aus Not eine Weile russische und europäische Literatur an der Universität unterrichtet und musste dafür zwei Tage pro Woche ins Auditorium und »in die runden, verständnislosen Augen der Jugend schauen«, wie er seine Arbeit beschrieb. Allein der Gedanke daran verdarb ihm die Laune. Seine Bücher waren nicht für eine breite Leserschaft geschrieben, nur für wenige Außererwählte. Sie waren zu eigenartig, schwer nachvollziehbar, herausfordernd. Doch mit *Lolita* gelang Nabokov ein großer Coup. Das Lesepublikum übersprang kurzerhand alles Unverständliche und konzentrierte sich auf die Einzelheiten der Liebesbeziehung. Es schien unklar, wer in diesem Buch wen verführte, der alte Mann das minderjährige Mädchen oder umgekehrt.

Nabokov bekam von seinem Verleger viel Geld, auf jeden Fall genug, um nicht mehr in die verständnislosen Augen der amerikanischen Jugend schauen zu müssen. Er verließ Amerika leichten Herzens, ging zurück nach Europa und suchte sich dort ein ruhiges Plätzchen mit wenig Menschen und viel Natur. Die Anwesenheit von Schmetterlingen soll bei der Auswahl seines neuen Wohnsitzes eine wichtige Rolle gespielt haben. Im Dachgeschoss des Le Montreux Palace mietete die Familie Nabokov eine Suite und verbrachte dort sechzehn Jahre.

Nabokov war der Held meiner Jugend. Ich gab ihm in allem recht, vor allem teilte ich seine Abscheu vor der sozialistischen Ästhetik, vor all den unzähligen Lenins aus Gips, den Arbeitern aus Bronze und den Pionieren mit ihren Posaunen, die die völlige Zufriedenheit des Volkes mit sich selbst ausdrücken sollten. Nabokovs Lebenswandel schien mir jedoch damals so fern wie das Wandern auf einem anderen Planeten. Nun stand ich vor seinem letzten Domizil, einem Haus mit dem Charme eines vergoldeten angeschossenen Panzers, und konnte mir Nabokov darin überhaupt nicht vorstellen. Die Innenräume des Hotels waren hellgrün, die Möbel braun.

»In diesem Zimmer hat einmal Miles Davis übernachtet

und in dieser Suite Quincy Jones«, teilte uns die nette Hotelmanagerin während der Führung mit.

»Könnten Sie mir bitte das Zimmer von Nabokov zeigen?«, fragte ich.

Sie nickte, als hätte sie nur auf diese Frage gewartet. »Die Nabokov-Suite wird leider gerade renoviert, aber wir können trotzdem kurz hineinschauen. Die Ausstattung ist noch original erhalten. Als Andenken an den Schriftsteller zeigen wir den Gästen den kleinen Tintenfleck an der Innenseite der Tischschublade, den der Schriftsteller vermutlich Ende der Sechzigerjahre eigenhändig dort hinterlassen hat«, erzählte sie unterwegs.

Ich fand es ein wenig albern, dass sogar die kleinen Tintenflecke, die große Schriftsteller hinterließen, diese überlebten. Gut, dass ich am Computer schrieb, mir konnte das nicht passieren. Wir stiegen die Treppen hoch und kamen zur Nabokov-Suite. Sie war unwahrscheinlich klein: ein Zimmer mit Miniküche und klitzekleinem Balkon. Der Arbeitstisch stand praktisch neben dem Bett. Und der berühmte Tintenfleck hatte im Lauf der Zeit ziemlich an Farbe verloren, war aber noch gut erkennbar. Für mich war es unvorstellbar, dass so ein großer Mann sechzehn Jahre lang ein so kleines Zimmerchen bewohnt haben soll, das er auch noch mit seiner Frau teilte.

»Er war viel draußen, ging in die Berge spazieren und jagte Schmetterlingen nach«, verteidigte die Hotelmanagerin die Wahl des Schriftstellers. »Aber ich gebe Ihnen recht, diese Suite ist für die meisten Gäste uninteressant, zu eng und zu weit oben. Nur wenn russische Gäste kommen, wollen sie unbedingt und um jeden Preis in Nabokovs Bett schlafen.«

Er war also viel in den Bergen, überlegte ich draußen, am See stehend. Die Sonne spiegelte sich im Wasser, das französische Ufer war gut zu sehen. Abgemagerte französische Schweizer joggten an mir vorbei. Und er jagte draußen den Schmetterlingen nach. Wo sollte er sich sonst aufhalten? In dem kleinen Zimmer zu sitzen wäre sicherlich anstrengender als die Berge hochzuklettern. Am Ende hat er wohl alle Schmetterlinge in Montreux gefangen und ist dann vor Langeweile gestorben. Ich habe jedenfalls in den drei Tagen unseres Aufenthalts keinen einzigen Schmetterling in Montreux gesehen. Sie sind alle mit Nabokov verschwunden.

Auf dem ganzen Weg zu meiner nächsten Station, Oberammergau, überlegte ich, wie hart dieses Jazz Festival Nabokov damals getroffen haben musste. Da wirst du ein Leben lang vertrieben, erst von den Kommunisten, dann von den Nazis, du musst dir von Spießern, Studenten und Literaturkritikern jede Menge Unsinn gefallen lassen und dich mit Gelegenheitsjobs durchschlagen. Erst mit 62 Jahren bekommst du endlich eine Chance, diesem lauten Volkstheater aus dem Weg zu gehen. Du fährst in den entlegensten Winkel Europas, mietest relativ preiswert eine kleine Suite in einem Fünfsternehotel am See – und das ganze Theater folgt dir nach! Nabokov zog 1961 nach Montreux. Er hatte sechs Jahre Ruhe. 1967 fand das erste Montreux Jazzfestival statt, das wichtigste Musikevent Europas, das 250.000 Touristen mit sich brachte. Was waren das für komische Geräusche in der Lobby? Wer schnarchte da so laut im Nebenzimmer?

Wer mochte in Zukunft noch kommen? Alice Cooper? Mötley Crüe?

1977 begann das Festival am 1. Juli mit einer grandiosen Jamsession, an der zwei Dutzend Bands und Solisten teilnahmen. Sie improvisierten zum Thema »A Little Time To Love«. Am nächsten Tag starb Nabokov. Ach, wäre er damals doch bloß von Amerika aus nicht nach Montreux, sondern nach Oberammergau gezogen.

Die Passionsspiele in Oberammergau wurden anders als die Jazzfestivals von Montreux nur alle zehn Jahre aufgeführt. Das ganze Dorf fieberte den Spielen entgegen und half Jesus, sein Kreuz nach Golgatha zu tragen. Wer da nicht mitgemacht hatte, hatte nicht gelebt. Anfänglich inszeniert, um die Pest vom Dorf abzuwehren, gelobten die Oberammergauner die Passionsspiele alle zehn Jahre zu wiederholen, sollte die Pest das Dorf verschonen. Damals, vor knapp 400 Jahren, hat es mit einigen wenigen Ausnahmen gut funktioniert. Seitdem spielten sie fast ohne Unterbrechung. Einmal, 1770, waren die Spiele verboten worden, weil sie nicht zum Geist der Aufklärung passten. 1920 mussten sie wegen der hohen Zahl der Gefallenen im Ersten Weltkrieg um zwei Jahre verschoben werden. Und 1940 fielen sie aus, weil die Nazis zu viele Darsteller an die Front geschickt hatten. Und jetzt Corona. Dabei hatten die Einwohner lange auf ihre Passion hingearbeitet: Die Darsteller hatten sich seit zwei Jahren nicht rasiert, Tausende Kostüme per Hand genäht, eine Bildungsreise nach Israel unternommen und ihre Texte auswendig gelernt.

Die Uhr des Dorfes tickte hier nicht im Uhrzeigersinn, sondern nach den Passionsspielen. »Ich habe vor vier Passionen geheiratet und habe mich nach zwei Passionen scheiden lassen« – so in etwa wurden hier die Lebensläufe erzählt. Die Passion diente zugleich als Zeichen der Zugehörigkeit, es durften nämlich nur diejenigen mitspielen, die entweder im Dorf geboren waren oder seit mindestens zwanzig Jahren dort leben.

Und alle Jahre wieder wird vor Beginn der Proben heftig um die Rollen gestritten. Wer wird die Römer spielen, wer die Juden, wer wird Pilatus und wer Judas? Natürlich ist die Rolle des Messias der absolute Höhepunkt, der Jesusdarsteller bekommt die größte Aufmerksamkeit und die höchste Gage. Aber auch die Rolle des Judas ist sehr begehrt, immerhin hat er ein eigenes Bild, »Judas' Verzweiflung«, und hängt sich auf der Bühne auf. Judas wird auch gut bezahlt, nicht so gut wie Jesus, aber fast. Doch am begehrtesten sind im Dorf die Rollen der Römer, sie haben schicke Uniformen und müssen sich keinen Text merken. Man musste als Römer nicht viel machen und war trotzdem dabei.

Die ganze Vorstellung ist eine logistische Herausforderung sondergleichen, versuche einer einmal, über 2000 Darsteller und fast 5000 Zuschauer in einem Raum zu organisieren. Früher ging die Passion über acht Stunden mit einer dreistündigen Essenspause, so lange dauerte es, um das Publikum zu bewirten.

Die Proben liefen bereits seit Herbst auf Hochtouren. Junge Menschen, die auswärts studierten und arbeiteten, hatten ihre Studiengänge unterbrochen oder unbezahlten

Urlaub genommen und waren ins Dorf zurückgekehrt. Der junge Judas hatte sein Abitur verschoben, die Gasthauswirte hatten ihre Gäste vernachlässigt, und die seit der letzten Passion geborenen Kinder mussten schnellstens singen und musizieren lernen. Doch zur gleichen Zeit schlich langsam und auf sanften Füßen Corona in den Ort und auf die Probebühne zu, zuerst bloß als kurze Nachricht aus China, einem fernen Land. Dort war eine ganze Stadt unter Quarantäne gestellt worden, was aber im Dorf keinen sonderlich aufgeregt hat: Schon wieder die Chinesen und ihre Fledermäuse, uns geht das nichts an. Wo ist Wuhan, und wo ist Oberammergau? Dazwischen liegen Millionen Lichtjahre, dachten Römer wie Juden. Auch Jesus ahnte nichts.

Aber die Gefahr kam immer näher. Bayern hatte seine ersten Infizierten, und die Landesregierung ergriff sofort Maßnahmen. Der Corona-Hotspot Ischgl war nicht weit, viel näher als Wuhan. Dort hatte angeblich ein Mann laut geniest und Hunderte andere infiziert. Ältere Darsteller fühlten sich auf einmal auf der Bühne unwohl, sie konnten sich nicht mehr auf das Spiel konzentrieren und vergaßen ihren Text. Menschen mit Vorerkrankungen hatten Angst, neben Kindern zu stehen. Vor allem die Römer meuterten.

»Wir sind eine Risikogruppe«, sagten sie. »Was ist, wenn Jesus am Kreuz die Nase juckt? Er kann ja nicht einmal in den Ellenbogen niesen. Und wir stehen direkt unter ihm am Kreuz. Dann sind wir erledigt, wir können ja nicht den nötigen Abstand zu ihm einhalten.«

Das Landratsamt Garmisch-Partenkirchen goss noch zusätzlich Öl ins Feuer und erklärte, die Inszenierung der Passionsspiele würde dem Hygienekonzept der Landesregierung zuwiderlaufen. Die Mitwirkenden würden sich vor dem Abendmahl nicht einmal die Hände waschen. Und als ein Apostel die anderen verpetzt und Jesus darauf aufmerksam macht, sie hätten sich die Hände nicht mindestens zwanzig Sekunden eingeseift, antwortet ihm Jesus sinngemäß: »Nicht das, was ihr mit den Händen anfasst und in euch hineinstopft, macht euch krank, das fällt nämlich nach einer Weile hinten wieder raus. Sondern das, was ihr von euch gebt, eure bösen Worte und Gedanken, eure Angst und eure Unfähigkeit, Würde zu bewahren in schweren Zeiten.«

Der Regisseur bangte bis zuletzt und hoffte, dass der Spuk sich irgendwie von allein auflösen oder dem Landratsamt Garmisch-Partenkirchen einleuchten würde, dass man mit dem Passionsspiel möglicherweise die Corona-Seuche abwehren könne. Immerhin hat es damals vor 400 Jahren bei der Pest ja auch geklappt. Natürlich war das eine Frage des Glaubens, und die moderne Wissenschaft hatte keine Belege dafür, dass ein Passionsspiel erfolgreich zur Seuchenbekämpfung eingesetzt werden konnte. Man konnte aus Menschen nicht gegen ihren Willen Helden machen.

Ob Corona möglicherweise einen Bogen um Bayern gemacht hätte, wenn die Passionsspiele trotz allem aufgeführt worden wären? Vielleicht nachts und ohne Zuschauer? Wir werden es nie erfahren. Achtzehn Tage vor der geplanten Premiere machte das Landratsamt Garmisch-Partenkirchen den Oberammergauern klar: 2020 wird nicht gekreuzigt, Punkt. Nein, Komma. Das Spiel wird auf 2022 verschoben.

Angst und Verunsicherung herrschten im Dorf. Wirte und

Geschäfte hatten mit vielen Besuchern gerechnet, alle hundert Vorstellungen waren bereits ausverkauft, fast eine halbe Million Karten mussten zurückgenommen werden. Und wie viele Bühnenträume waren zerstört worden, wie viel Arbeit umsonst gewesen. Judas konnte sein Abitur nicht zu Ende bringen und arbeitete nun als Lieferant bei einem Pizza-Service. Er hat sogar schon eine »Judas-Pizza« kreiert, mit 30 Oliven obendrauf. Mit Jesus war ich Weißwürste essen, mit Brezel und Bier. Er wirkte traurig und nachdenklich und hatte sich bereits die Haare abrasiert.

»Wir leben im Nebel«, sagte er. »Niemand weiß, was in ein oder zwei Jahren ist. Wird überhaupt noch gekreuzigt, oder sitzen wir nur noch vor der Glotze oder schauen uns im Internet Gottesdienste an? Die Leute im Dorf erzählen Verschiedenes. Die einen sagen, wir werden absichtlich hinters Licht geführt, dahinter stecken Bill Gates und die Plexiglasindustrie. Die anderen meinen, Söder könnte der Antichrist sein, deswegen sein antichristliches Hygienekonzept. Gerade in diesem Jahr standen alle Zeichen auf Jesu Wiederkehr. Wenn wir gut gespielt hätten, wäre er dann vielleicht gekommen? Ich weiß es nicht. Dieses Jahr ist der Kelch an mir vorübergegangen. Ich warte nun die zwei Jahre ab, dann sehen wir weiter.« So sprach Jesus und nahm einen tiefen Schluck.

Kapitel 15

Die völlige Ignoranz der Fische

In meiner Selbstisolation auf dem Land in Brandenburg bekam ich permanent Besuch aus Berlin. Erwachsene und ihre Kinder im Vorschulalter kamen, um frische Luft zu schnappen und ein paar Bierchen in der Natur zu genießen. Die Erwachsenen waren leicht zufriedenzustellen, die Kinder nicht. Kinder tranken kein Bier, deswegen waren sie unglaublich unternehmungslustig. Kaum angekommen, wollten sie schon wieder losfahren und Sehenswürdigkeiten angucken.

Die größte Sehenswürdigkeit Brandenburgs ist der Himmel. Wolken zählen ist hier meine Lieblingsbeschäftigung. Ihre Anzahl ist übersichtlich, und sehr angenehm ist, dass sie sich in Brandenburg kaum bewegen. Man kann für zwei Stunden abdanken, die Augen schließen, dann wieder aufmachen, und nichts ist verlorengegangen, alles ist noch an demselben Platz. Die Kinder wollten aber nicht die Wolken anstarren, sie wollten zum Angeln fahren. Ein solch direkter Eingriff in die Natur war mir ehrlich gesagt zu anstrengend.

»Wir könnten mit dem Boot um die Ecke fahren, den Biber besuchen«, schlug ich vor. Traditionell bringe ich anstrengende Gäste immer um die Ecke zum Biber. Die kleine Bootsfahrt ist für die Natur ungefährlich, der Biber bekommt meinen Besuch in der Regel rechtzeitig mit und versteckt sich. Wir können in Ruhe seine Rutsche und die von ihm gefällten Bäume besichtigen und dann zurückfahren. Die Kinder wollten den Biber aber unbedingt fangen.

»Nein, das geht nicht«, klärte ich sie auf. »Der Biber wird von der Landesregierung geschützt.«

Dann wollten sie die Pflanzen Brandenburgs von mir erklärt bekommen. Wir haben hier jedes Jahr neue Pflanzen, die extrem gut gedeihen. In erster Linie die Brennnessel. Ihr sind bei uns keine natürlichen Wachstumsgrenzen gesetzt, sie kann schnell zu einem Brennnesseldschungel werden. Auch Distel und Mistel fühlen sich sauwohl in unserer Gegend. Die Distel mag schattige Plätze, aber auch Sonne, trockenen oder nassen Boden, Regen und Wind, mit einem Wort: Sie wächst überall. Es ist der Distel nämlich vollkommen egal, wo sie steht. Manche Sorten haben Wurzeln, die bis zu zwei Meter tief in die Erde reichen, und alle haben oben spitze Stacheln, die sie nahezu unangreifbar für Feinde machen. Sie blühen sehr hübsch und liefern perfektes Insektenfutter. Das russische Wort für Distel heißt übersetzt »Teufelsschreck«. Der Saft der Pflanze soll gut für die Leber sein, doch die Leber bleibt an den Stacheln wahrscheinlich hängen, ehe man an diesen Zaubertrank herankommt.

Die Mistel ist ähnlich unverwüstlich, nur lebt sie hoch oben auf den Bäumen. Die runden kugeligen Gewächse springen von Baum zu Baum und werden im Winter von den Einheimischen gesammelt und als Weihnachtsdekoration genutzt.

Die Kinder fanden die Natur Brandenburgs eintönig.

»Komm, lass uns angeln!«, riefen sie. »Du wohnst direkt am See und gehst nie angeln, das kann doch nicht wahr sein!«

Kleine Kinder verstehen nicht, was Angeln in Brandenburg bedeutet. Es gelten hier strenge Auflagen. Um Raubfische zu fangen, muss man eine Ausbildung absolvieren und eine Prüfung bestehen. Auch bei den Friedfischen brauchte man früher einen ganzen Aktenordner mit Bescheinigungen und Formularen. Das ist aber nun Gott sei Dank Geschichte. Im Rahmen des Bürokratieabbaus ist das Friedfischangeln leicht geworden. Die Fischereischeine A und B, der Jugendfischereischein und der Sonderfischereischein fürs Fischen nach Sonnenuntergang müssen nicht mehr einzeln beantragt werden. Es reicht schon, eine Fischereijahreseingabe zu machen und einen Angelschein zu kaufen, der den Angler berechtigt, an einem bestimmten Tag zu vorgeschriebenen Zeiten Plötzen und Rotfedern aus dem See zu ziehen, natürlich nach dem Schonmaßgesetz. Demzufolge dürfen die Fische maximal 29 Zentimeter lang, aber nicht kürzer als 7 Zentimeter sein, bei einem maximalen Hüftumfang von 13,5 Zentimetern. Die kann man dann ohne Reue angeln, aber höchstens bis eine Stunde nach Sonnenuntergang. Danach muss man entweder bei der zuständigen Fischerei den Schein verlängern oder die Angeln einkurbeln. Diese vereinfachten Angelbedingungen sollten den Reiz für Neueinsteiger erhöhen und ihnen den Zugang zur spannenden Welt der Angler erleichtern. Aber versuch mal, das einem Kinde zu erklären.

Ich wäre gern angeln gefahren, obwohl ich nicht gewusst hätte, was man mit diesen Friedfischen machen sollte. Plötzen und Rotfedern haben zu viele Gräten, zum Braten sind sie ungeeignet. Sogar meine Wildkatze Mathilde würde sie nicht fressen. Man könnte vielleicht eine Fischsuppe kochen, aber die würde dann wahrscheinlich aussehen, als hätte man einen Tauchsieder in ein Kinderaquarium gesteckt. Die Kinder wollten trotzdem unbedingt angeln.

»Du hast doch eine Angel, wir haben sie gesehen«, argumentierten sie. Sie wussten nicht, dass das nur eine Attrappe war.

»Okay«, sagte ich schließlich, »machen wir.«

Also sind wir zum Anglerkiosk gefahren, wo ich richtig viel Geld für Scheine und Eingaben ausgab, dafür durften wir aber sogar mit zwei Angeln losfahren. Bis Sonnenuntergang hatten wir noch gut drei Stunden Zeit.

»Sagen Sie bitte, wo ist denn der beste Platz zum Angeln?«, fragte ich den netten mürrischen Angelkioskbesitzer.

»Der Teich ist voll«, brummte er ausweichend, »du kannst überall einwerfen. Aber nicht bei den Pfeilern«, rief er uns hinterher, »da werdet ihr nichts fangen.«

Aha, dachte ich sofort, da fahren wir hin.

Zwei große Holzpfeiler ragten mitten auf dem See aus dem Wasser. Oben hatten sich Kraniche ein Nest gebaut und, wie ich vermutete, sogar vor Kurzem Junge bekommen. Auf jeden Fall waren die beiden Vögel sehr aufgeregt, als wir uns mit dem Boot näherten.

»Was sind das für Dinger«, wunderten sich die Kinder. »Wozu stehen sie hier? Zum Hochklettern und ins Wasser springen? Wer rammt mitten in einem See plötzlich zwei Pfeiler in den Flussboden und wozu?«

Tja, Kinder, das ist eine spannende Geschichte. Alles begann damit, dass unser Dorf 1998 zum »Freundlichsten Dorf Brandenburgs« auserkoren wurde. Es bekam eine Auszeichnung, ein Blech mit zwei gemalten Fratzen drauf, die schräg lächelten. Womit ausgerechnet unser Dorf diese Ehre verdient hatte, wurde nicht erklärt. Wir waren ein Dorf wie jedes andere. Hier lächelte niemand grundlos fremde Menschen an. Ich vermute, es hatte eine kleine Panne im Landesministerium gegeben. In jedem Bundesland gab es irgendwelche Imageverbesserungsprogramme, und jedes Jahr musste ein Dorf ausgezeichnet werden. So ein Jahr verging schnell, und der Sommer war schon längst zu Ende, als sich der Landesvater in seinem Büro langweilte. Er sah eine Mücke auf der Landkarte sitzen und schlug sie tot. Sein Assistent, der Freundlichkeitsbeauftragte, schaute sich den Fleck an und fragte sich, was der Chef damit gemeint haben konnte? Man wusste es nicht, entschied aber, den Fleck auf alle Fälle zum Dorf des Jahres zu machen.

Diese Entscheidung hat unseren Dorfvorsteher, einen gelernten Förster, kalt erwischt. Es sollten Feierlichkeiten stattfinden, und sogar der Landesvater persönlich sollte kommen, um eine Rede zu halten. Nun hatten wir so gut wie keine öffentlichen Orte, die für eine solche Versammlung geeignet gewesen wären. Wenn sich bei uns ein paar Menschen versammelten, dann an der alten Bushaltestelle, die einst für den Schulbus gedacht war, der die junge Dorfgeneration zum Unterricht bringen sollte. Der letzte Schulbus war hier aber bereits vor vielen Jahren abgefahren. Er hatte die junge Dorfgeneration abgeholt und nicht mehr zurückgebracht. Die

Bushaltestelle aber ist geblieben. Dort saßen dann manchmal die Bürgerinnen und Bürger mit Bierflaschen oder einem klaren Korn und übten sich in Freundlichkeit. Das klappte meistens auch ganz gut.

Doch für den Besuch des Landesvaters war die Bushaltestelle ungeeignet: zu wenig repräsentativ. Unser Ortsvorsteher, der Förster, hat sich daher mehrmals mit dem Freundlichkeitsbeauftragten ausgetauscht, und zusammen arbeiteten sie einen eindrucksvollen Plan aus: Der Landesvater würde mit einem Wasserflugzeug auf dem See landen und am Badesteg seine Rede halten. Es wäre ein spektakulärer Auftritt. Noch nie war ein Wasserflugzeug bei uns gelandet, da würden vielleicht auch Menschen aus den umliegenden Dörfern kommen, um sich das anzusehen, meinte der Freundlichkeitsbeauftragte. Nur ein Problem gab es. Man brauchte etwas Festes auf dem Wasser, um das Flugzeug sicher zu parken. In einem ungeheuerlichen Kraftaufwand schnitzte daher der Ortsvorsteher zwei sieben Meter lange dicke Baumstämme zu Pfeilern und ließ diese mitten auf dem See in den Flussboden rammen, fest genug, um ein Flugzeug zu halten. Er versah sie mit Lichtern und strich sie rot an, damit der Landesvater sie nicht verfehlen konnte. Die Menschen im Dorf wunderten sich etwas und schüttelten den Kopf, aber sagten nichts.

Am verabredeten Tag bewegten sich die Wolken plötzlich aufeinander zu, prompt fing es an zu regnen, und der Landesvater kam nicht. Entweder hatte er wegen des schlechten Wetters Angst zu fliegen, oder er verfehlte die Pfeiler, oder er hatte anderswo Besseres bzw. Wichtigeres zu tun. Vielleicht war auch das Flugzeug kaputtgegangen, oder der Assistent hatte die genauen Koordinaten unseres Dorfes aus Versehen zu Hause gelassen. Die Pfeiler aber sind geblieben, für immer. Sie zu entfernen bedürfte einer Unterwassersäge und eines entsprechend ausgebildeten Tauchers. Das würde Tausende Euro kosten, und das Dorf war nicht bereit, so viel Geld auszugeben. Außerdem blieb die Hoffnung, dass irgendwann irgendein anderes Wasserflugzeug vorbeiflog und uns ein anderer Landesvater besuchte. Man wusste ja nie. Die Lichter sind vor langer Zeit ins Wasser gefallen, die rote Farbe wurde von den Vögeln abgeknabbert. Nichts für ungut, jetzt nisteten Kraniche darauf. Und sie haben dieses Jahr tatsächlich drei Junge auf die Welt gebracht, hat mir mein Nachbar erzählt.

Die Auszeichnung von 1998, das Blech mit den freundlichen Fratzen, steht noch immer an der Dorfeinfahrt. Ich versuche jedes Mal, freundlicher zu gucken, wenn ich daran vorbeifahre, mich sieht bloß keiner.

Und nun zur Arroganz der Fische Brandenburgs. Wir haben sogar überzogen und standen statt der erlaubten drei gleich vier Stunden mit zwei Angeln zwischen den Pfeilern. Wir haben es mit Bienenmaden, mit Tauwürmern, mit Regenwürmern und mit mehrkörnigem, in Pfefferminzöl getunktem Toastbrot probiert. Die schlauen Fische haben uns ignoriert. Sie haben unsere Köder professionell abgeknabbert, ohne ein einziges Mal am Haken hängen zu bleiben, während uns die Kraniche anpöbelten. Die Kinder waren glücklich. Ich überlegte jedoch die ganze Zeit, woher die hiesigen Fische diese »Leck mich«-Stimmung hatten, diese

Mischung aus Gelassenheit und Arroganz. Die haben sie sich bestimmt bei den Bewohnern Brandenburgs abgeguckt.

»Brandenburg macht sich locker: Hier dürfen sich im Vergleich zu anderen Bundesländern bereits viele Menschen treffen«, so lautete eine Schlagzeile in der *Märkischen Allgemeinen* zu Pfingsten. Und, ja, die Zeitung hat nicht gelogen, sie durften. Aber wollten sich die Menschen denn unbedingt treffen? Auch wenn sich das vermeiden ließ? »Brandenburger sind gesetzestreue Leute, sie tun, was man ihnen sagt«, erklärte mir mein Freund Christian. Monatelang hatte ihnen der Ministerpräsident von den Gefahren des Zusammenseins erzählt und wie gut die Einschränkungen des öffentlichen Lebens für die Gesundheit seien. Es gab wenig Infizierte in den brandenburgischen Landkreisen. »Diesen Erfolg haben wir uns hart erarbeitet«, sagte der Ministerpräsident.

Und jetzt? Sollten wir uns jetzt etwa den schönen Erfolg kaputt machen? Wofür? Um uns mit irgendwelchen Menschen zu treffen? Wenn die Machthabenden im gleichen bestimmten Ton eine Ansprache an das Volk gehalten hätten mit dem Aufruf: Steht auf und geht feiern!, hätten es die Brandenburger getan. Es wurde aber nicht zum Feiern aufgerufen, sondern nur »gelockert«. Tanzschulen und Fitnessstudios durften unter Auflagen öffnen, und bald durften sogar wieder Kulturveranstaltungen stattfinden mit bis zu 150 Personen unter freiem Himmel und bis 75 Personen in geschlossenen Räumen. Menschen aus verschiedenen Haushalten durften einander besuchen oder zusammen spazieren gehen. Sie mussten aber nicht.

Trotz des starken Windes trauten sich zu Pfingsten ziem-

lich viele nach draußen. Im wunderschönen Rheinsberg liefen Menschen aus verschiedenen Haushalten eng aneinander
vorbei um das Schloss herum. Kinder verfütterten frisch
gekaufte Bratwürste an die Schwäne im Teich, die ebenfalls
in zwei Haushalte geteilt waren: Ein Schwan mit vier Küken
links und ein Schwan mit vier Küken rechts absolvierten ein
Revueprogramm im Synchronschwimmen. Rentnerinnen
führten ihre Hunde, Rentner ihre Harley-Davidson-Motor-
räder spazieren. Der Fischbrötchenimbiss, die Eisdielen und
der Biergarten erfreuten sich großer Beliebtheit. Auch in
Neuruppin steppte der Bär, aber streng nach geltendem
Hygienekonzept und mit Auflagen. Der Betreiber vom Han-
gar 312, einer riesigen Halle, in der ich früher jedes Jahr eine
Russendisko veranstaltet hatte, erzählte mir, er wolle mit den
Lockerungen der Landesregierung Schritt um Schritt mit-
gehen und sofort loslegen – mit einer Schlagerparty an der
frischen Luft unter dem Motto »Mit Atemschutz durch die
Nacht«. Es wurde keine einzige Karte verkauft. Auch das
Autokino in Zempow wurde nicht massenhaft angelaufen.

Diese Autokinos, ein gut gemeintes Hallo aus der Vergangenheit, boomten zwar angeblich in Westdeutschland, waren
im Osten aber nie wirklich angekommen. Zur ersten Vor-
führung wurden nur fünfzig Karten verkauft, einen zweiten
Film hat man gar nicht erst bestellt. Die Lizenzen waren
teuer und die Menschen nicht scharf darauf, in ihrem Fahrzeug sitzend Filme zu gucken. Möglicherweise war das
Ganze im Westen so populär, weil die Menschen dort alle
unterschiedliche Autos hatten, mit denen sie angeben konnten und nebenbei auch noch auf die Leinwand schauen. Im

Osten hatten praktisch alle das gleiche Fahrzeug. Außerdem war die Batterie der Trabis zu schwach, um einen ganzen Spielfilm durchzuhalten. Eine andere Erklärung war, dass die jungen Menschen im Westen weniger sexuelle Freiheiten hatten als die im Osten und sich deswegen auf den Autositzen in Autokinos abreagierten und dort »petting« oder »heavy petting« betrieben, wie es in der Sprache der westdeutschen Jugend hieß.

Im Biergarten »Schnitzelparadies« war ich der Einzige, der Bier vom Fass trank, alle anderen saßen mit Flaschen da. Sogar die Harley-Davidson-Fahrer, normalerweise sehr risikofreudige Menschen, wollten sich keiner unnötigen Gefahr aussetzen. Der Virologe Christian Drosten hatte das Verhalten der Deutschen tatsächlich verändert. Er hatte das Volk mehrmals im Fernsehen beschworen, Bier nur aus der Flasche zu trinken, sonst sei das Bierglas ein Virenfass. Diese Erkenntnis hatte bei vielen stark eingeschlagen.

Es wird noch eine Weile dauern, bis die Menschen zu den Gläsern und den Kulturveranstaltungen zurückfinden, dachte ich. Was aber jetzt schon gut lief, waren die Kinderschaukel, der Flohmarkt für Erwachsene und die Ausstellung »Die Waldlager der Roten Armee in Brandenburg 1945«. Hier waren nämlich riesige Gebiete von Rotarmisten bewohnt gewesen. Bis heute fanden Enthusiasten im Wald Ausrüstung von damals: Abzeichen, Feldflaschen und Teile von Essgeschirr. Auch Wehrmachtkoppelschlösser mit abgetrenntem Hakenkreuz und darüber befestigtem Sowjetstern hat man in Mengen gefunden.

Die Restaurants in Prignitz hatten sich die Hygienekonzepte zunutze gemacht. Man musste bei ihnen neuerdings seinen Tisch telefonisch oder online bestellen und eine genaue Zeit angeben, wann man wieder gehen wollte. Es war eine tolle Sache, genau zu wissen, wann Gäste kamen und wann sie wieder gingen. Es wurden nämlich in diesem Sommer besonders viele Touristen in Brandenburg erwartet, da zahlreiche Grenzen nach außen dicht blieben. Dadurch wurde allerdings die Servicementalität der Einheimischen auf eine harte Probe gestellt. So mussten die Kellner nicht nur »Na?« sagen, sondern auch so etwas Überkandideltes wie: »Was wollen Sie trinken?« Ein sehr langer Satz für einen Brandenburger. Auch das Essensangebot wurde erweitert, und neben Fischbrötchen und Würsten wurden nun Stullen mit hausgemachter Leberwurst und Gurke geschmiert und Rhabarberkuchen angeboten.

In diesem Sommer lernten sich Teile Deutschlands kennen, die einander sonst nur selten zu Gesicht bekamen. Die Ballermänner von Mallorca, die Piraten aus Ostwestfalen, die vornehmen Bayern und die Freiwilligen Feuerwehren Brandenburgs trafen zum ersten Mal aufeinander. Die Brandenburger bereiteten sich gewissenhaft darauf vor. »Wir freuen uns, wenn Gäste kommen, und wir weinen nicht, wenn sie wieder gehen«, lautete die Parole.

Kapitel 16

Glattes Eis

»Du fährst wieder zu Lesungen? Dort wirst du aber vielen Menschen begegnen. Möchtest du vielleicht den russischen Impfstoff?«, fragte mich mein Freund, der Zahntechniker, der von seinem Berliner Labor aus Kunden in Moskau und St. Petersburg mit Zahnimplantaten belieferte. In letzter Zeit war sein Geschäft etwas schwieriger geworden. Die Kunden mussten länger auf ihre neuen Zähne warten. Vor Corona waren die Implantate beinahe täglich nach Russland geflogen worden. Nun waren die Grenzen offiziell geschlossen, es flog nichts mehr, und der Zugverkehr war ebenfalls eingestellt. Doch russische Zähne fanden immer einen Weg nach Russland, wenn sie von schlauen Zahntechnikern kamen. Mein Freund fuhr sie jetzt mit dem Auto von Deutschland nach Polen und weiter nach Weißrussland durch den Wald, wo er jemanden an der Grenze kannte, dem er auch mal die Zähne gemacht hatte. Von dort ging es nach Russland mittels einer Abkürzung über Smolensk, wo er ebenfalls jemanden an der Grenze kannte. Zurück brachte er die frischesten Nachrichten aus der Heimat.

Angeblich hatten die Russen längst einen eigenen Impfstoff gegen das Coronavirus entwickelt und auch schon er-

folgreich getestet. Es gäbe wohl einige Nebenwirkungen –
Schüttelfrost, Dreitagefieber oder Zungenschwellungen –,
aber die würde man kaum bemerken. Das Russische Impf-
zentrum soll den Impfstoff bereits an mehreren russischen
Oligarchen getestet haben, die sich alle freiwillig gemeldet
hatten, um ihrer Heimat einen Dienst zu erweisen. Es wird
allerdings gemunkelt, dass es mit dieser Freiwilligkeit so eine
Sache war. Viele von diesen Menschen waren dem Präsidenten mit ihrem ganzen Reichtum verpflichtet. Sie hatten einen direkten Draht zu ihm, spielten mit ihm Eishockey und
mussten dafür jede Woche trainieren. Nun wurden sie vom
Präsidenten indirekt zu der Heldentat aufgerufen, mit ihrem
eigenen Blut Antikörper zu produzieren.

»Wir werden die Ersten sein, und wir werden alle mit
unserem beispiellosen Einsatz ermutigen. Wir können schneller handeln als der Rest der Welt und die dritte Prüfungsphase überspringen«, soll der Präsident gesagt haben. Er ist
ein großer Patriot und glaubt an die messianische Rolle seines Landes. In der Geschichte der menschlichen Zivilisation
war Russland schon immer ein besonderer Ort, ein Experimentierfeld, ein Versuchslabor für besondere Aufgaben. Dort,
wo andere scheitern, siegen die Russen. Sie haben die Welt
nicht nur von der braunen Pest des Faschismus gerettet, sondern sich auch absichtlich mit dem Kommunismus infiziert
und dessen Risiken und Nebenwirkungen siebzig Jahre lang
am eigenen Leib getestet. Es war ein riskantes Experiment,
das viele Menschenleben kostete, aber der Welt neues Wissen darüber bescherte, was alles nicht ging. Und die Welt hat
sich nicht einmal bedankt. Trotzdem glauben viele Russen

weiterhin, dass ihr Land eine große Ausnahme unter den Ländern der Welt sei und mit dem bloßen Verstand nicht zu begreifen. Es konnte Wunder vollbringen, wenn es darum ging, den Planeten zu retten. Das unspektakuläre alltägliche Leben zu meistern, fanden meine Landsleute dagegen langweilig.

Der französische Staatsphilosoph Baron de Montesquieu, einer der großen Denker der Aufklärung, der beinahe alle Länder auf dem Planeten in einer soziologischen Tabelle zusammengefasst hatte, wollte die mentalen und ökonomischen Unterschiede zwischen den Völkern mit deren klimatischen Bedingungen begründen. Laut seiner Tabelle hatten Menschen in warmem und feuchtem Klima keine Lust, freiwillig zu arbeiten, und entwickelten daher schnell verschiedene Formen der Sklaverei, die eine uneffektive Art des Schaffens ist. Die höchste Form des Glücks ist in diesem Klima das Faulenzen, die Untätigkeit. Sogar die Religion ist dort auf Bewegungslosigkeit fixiert. Je weniger sich die Menschen in solchen Ländern bewegen, umso erleuchteter werden sie. Lebenslange Meditation im Schatten des Buddhabaums gilt als Quintessenz der Weisheit.

In den kalten Ländern der nördlichen Halbkugel dagegen mussten sich die Menschen ständig bewegen. Sie wärmten sich bei harter Arbeit auf, wodurch die Länder des Nordens in ihren Bauvorhaben und in der technischen Entwicklung weiter vorankamen als ihre sonnenverwöhnten Nachbarn, behauptete der Baron. Nur Russland passte nicht in seine Tabelle. In diesem kalten Land mit schwerem Klima hatten die Menschen gelernt, warm zu werden, ohne täglich arbeiten oder sich bewegen zu müssen. Auf langfristige Projekte zur Verbesserung der eigenen Lebensgrundlage hatten sie keine Lust. Am liebsten verbrachten sie ihre Lebenszeit im Sitzen und im Liegen. Doch wenn es darum ging, die Welt zu retten, den Traum von Karl Marx zu verwirklichen oder einen ersten Gagarin in den Weltraum zu schießen, da sprangen alle Russen auf und zeigten, wozu Menschen fähig waren, wenn sie sich zusammentaten – nichts konnte sie dann aufhalten. Wir waren die Ersten, immer und überall. Auch dort, wo keiner außer uns hinwollte: in den Kommunismus, ins Weltall, in Balletttanz und Eishockey.

Jetzt aber war seit dreißig Jahren Ruhe im Karton. Das Land stand auf Pause und hatte keine Aufgaben mehr. Es musste ein neuer kollektiver Gagarin her, ein Wunder, ein Elixier, um die ganze Welt zu heilen, so dachte wahrscheinlich die russische Führung. Und Corona lieferte einen willkommenen Anlass. Die Welt verdarb in der Krise, der größten seit dem letzten Weltkrieg, wie die deutsche Bundeskanzlerin meinte. Es begann ein Wettlauf gegen die Zeit: Wer konnte den Impfstoff gegen die neue unbekannte Krankheit am schnellsten liefern? Im Juli meldeten Pharmaunternehmen in mehreren Ländern erste Erfolge bei der Herstellung des Impfstoffes. Ende des Monats gingen Forscher in Amerika, China und Europa in die dritte Prüfungsphase. Die US-Regierung hatte gleich auf mehrere Pferde gesetzt und von mehreren Wirkstoffen Hunderte Millionen Einheiten blind im Voraus bestellt, noch bevor sie an Menschen getestet worden waren. Das würde Amerika einen Vorsprung verschaffen. Sollte einer der Stoffe sich als nützlich erweisen, hätten sie schon mal eine Menge davon auf Lager, sagte der amerikanische Präsident. Die Chinesen forschten unter größter Geheimhaltung, niemand wusste, wie weit sie schon vorangekommen waren. Und die Europäer waren wie gewohnt eher skeptisch und vorsichtig. Die dritte Prüfungsphase, in der auch alle Nebenwirkungen ausgewertet werden, könne möglicherweise Jahre dauern, warnten die deutschen Virologen.

Jeder neue Impfstoff soll drei Prüfungsphasen durchlaufen, wobei die Gruppe der Testpersonen mit jeder Phase erweitert wird. Bei der ersten wird festgestellt, ob der Impfstoff sicher ist und die erhoffte Wirkung entfaltet. Bei der zweiten geht es um die perfekte Dosis, und bei der dritten wird die Effektivität geprüft: Wie gut und wie lange hält die Schutzwirkung an? Es müssen viele Tausend Menschen geimpft und ihr Gesundheitszustand nach einer bestimmten Zeit verglichen werden: Wie viele von ihnen sind trotzdem krank geworden? Es sollten deutlich weniger sein als bei den nicht geimpften im selben Zeitraum. Nur dann kann man von einem sicheren Effekt sprechen.

Natürlich dauert die dritte Phase am längsten, sie kann sich über Jahre hinziehen. Schließlich müssen sich genügend Teilnehmer für dieses Experiment finden. Außerdem werden diese Menschen nach der Impfung nicht gleich mit Corona infiziert, sondern einfach nur der üblichen Gefahr einer Ansteckung ausgesetzt. Nach einer gewissen Zeit werden die ersten Ergebnisse ausgewertet, und man überprüft, ob es in der geimpften Gruppe weniger Ansteckungen gab als in der nicht geimpften. Sollte das der Fall sein, würde das bedeuten, dass die Impfung wirkt. Allerdings sind die Langzeitfolgen dann noch längst nicht geklärt. Aber wir haben keine Zeit, darauf zu warten, die Menschen wollen in die Disko, sie wollen ausgehen, tanzen und ihr Gesicht zeigen, ohne Maske.

Die russische Führung suchte also nach einer Abkürzung und erfand einen Plan. Reich zu sein bedeutet in Russland auch, mutig zu sein. Und für Heldentaten braucht man mutige Herzen. Natürlich hat der Präsident in seiner Ansprache an die reichsten Menschen des Landes nicht Klartext gesprochen. Er spricht nie Klartext, wird aber von seinen Untertanen trotzdem immer gut verstanden. Bei einer Sitzung mit den führenden Kräften Russlands sagte er, das russische Volk sei schon immer ein Volk von Helden gewesen. Es hätte die Welt bisher noch vor jeder Gefahr gerettet, man werde daher auch vor Corona nicht kneifen. Dabei hat er seinen Kugelschreiber sehr eindrucksvoll in der Hand gedreht, vier Mal im Uhrzeigersinn und drei Mal gegen den Uhrzeigersinn.

Die Ansprache wurde im Fernsehen übertragen, das ganze Land hat sie gesehen. Vier Mal im Uhrzeigersinn und drei Mal dagegen. Das letzte Mal hatte er den Kugelschreiber derart eindrucksvoll gedreht, als Russland in die Ostukraine einmarschierte. Nur hatte er den Kugelschreiber damals nur einmal gegen den Uhrzeigersinn gedreht. Als der Besitzer des größten Nickelvorkommens vor einigen Jahren die größte Industriestadt des Nordens, Norilsk, schließen ließ, weil er die Betriebe dort nicht mehr brauchte und Tausende alleingelassene Menschen aus Existenzangst eine Autostraße besetzten, flog Putin persönlich mit dem Hubschrauber in das

Krisengebiet, bestellte den Nickeloligarchen zu sich und verpflichtete ihn medienwirksam vor der Kamera, allen Menschen dieser Geisterstadt weiter ihre Gehälter zu zahlen. Der Oligarch unterschrieb die Verpflichtungserklärung mit zitternder Hand. »Und meinen Kugelschreiber möchte ich bitte zurückhaben!«, sagte der Präsident zum Abschied, nahm ihm das Schreibgerät aus der Hand und drehte es mit den Fingern einmal gegen den Uhrzeigersinn. Seit diesem Vorfall ist das ganze Land auf Putins Kugelschreiber fixiert. Dreht er ihn nach rechts, dann pecht's, dreht er ihn nach links, das bringt's.

Nun war die Geste nicht eindeutig zu verstehen, er hatte den Kugelschreiber ja hin und her gedreht. Der Direktor des virologischen Institutes hat sich trotzdem noch am gleichen Tag eine Injektion mit dem Wirkstoff verpasst, der bis dahin nur an Mäusen und Kaninchen getestet worden war. Sicherheitshalber hat er den Impfstoff auch gleich noch seinen Mitarbeitern injiziert. Gesundheitsminister und Verteidigungsminister taten es ihm nach. Ohne lange zu zögern, meldete sich auch der Nickeloligarch freiwillig für das Experiment, ebenso einige seiner Kollegen. Die Liste der Helden wurde immer länger, die Geldelite des Landes stand Schlange, um den nächsten kollektiven Gagarin zu verkörpern.

Die mutigen Impfhelden fuhren danach ins Krankenhaus, um sich von Corona-Patienten anhusten zu lassen. »Wir haben keine Zeit zum Schaukeln, wir müssen handeln«, hatte der Präsident schließlich gesagt. Die ersten Ergebnisse fielen positiv aus: drei Tage Schüttelfrost und eine ausgetrocknete Zunge, eine leichte Depression, und schon war es vorbei. Unklar blieb, wie lange der Schutz anhielt und ob die Helden nicht in drei Monaten schon wieder zur Impfung müssten.

»Wenn du magst«, sagte mein Freund, der Zahntechniker, »kann ich dir eine Dosis von dem russischen Impfstoff besorgen. Kann ja nicht schaden. Wer weiß, wie lange die Deutschen noch mit ihrem Zeug experimentieren. Sie müssen es ja zuerst an Mäusen, dann an Kröten, Schlangen und Kaninchen testen. Es kann Jahre dauern, bis das Volk dran ist! Und selbst dann wird der Stoff bestimmt so verdünnt und geschwächt eingeteilt, dass er kaum Wirkung zeigt. Da ist der russische schon besser.«

Ich habe auf das großzügige Angebot verzichtet. Ich kenne meine Landsleute, meine Generation. Es sind Träumer, Menschen, die gerne Wunsch und Realität verwechseln. Sie hätten sich genauso gut Aperol Spritz injizieren und im Nachhinein behaupten können, sie seien nun immun. Die Oligarchen und Minister waren mir als Testgruppe zu klein, um die heilende Wirkung der Impfung zu beweisen. Außerdem waren diese Oligarchen besondere Menschen, wer wusste schon, was sie sonst noch alles zu sich nahmen.

Die Propagandamaschine in Russland ist mächtig. Selbst wenn die Oligarchen also weiterhusten, wenn ihnen sonst etwas abfällt oder anwächst, wird es die Öffentlichkeit nie erfahren. Natürlich wäre es cool, wenn die Russen die Welt retten würden, aber das Vertrauen in den russischen Stoff ist bei der Mehrheit der Weltbevölkerung nicht vorhanden, schätze ich. Alle Impffans warten auf den sicheren deutschen Stoff. Aber selbst dann ist das Problem noch nicht gelöst. Denn eine Impfpflicht wird es hier nicht geben. Die Freiheit der Bürger geht vor. Wir müssen uns weiter mit Masken und auf Abstand begegnen.

Nach fünf Monaten Stillstand hatte ich auch ohne Impfung endlich meine erste Lesung. Es ging wieder los! Mit einer Open-Air-Veranstaltung in einem Heidelberger Autokino. Es nieselte leicht in der Dämmerung. Die Menschen saßen zum Teil auf Liegestühlen in warme Decken gewickelt und zum Teil in ihren Autos vor der großen Leinwand. Ich war verzweifelt und gleichzeitig erleichtert. Was sollte ich meinem Publikum in dieser prekären Lage für lustige Geschichten erzählen? Trotzdem war es schön, dass der Kulturbetrieb weiterging.

»Wir lassen uns nicht entmutigen«, sagte der Sicherheitschef des Clubs in der Pause zu mir. Er hatte in den vergangenen fünf Monaten ebenfalls wenig zu tun gehabt, jetzt lief das Programm wieder an. Zumindest draußen fanden jeden Tag Lesungen und Konzerte statt.

»Und Diskos?«, fragte ich. Dieser Heidelberger Club war nämlich einer der ersten, der mich vor zwanzig Jahren mit meiner Russendisko eingeladen hatte.

»Mit der Disko wird es noch eine Weile schwierig bleiben«, meinte der Sicherheitschef, »selbst und gerade dann, wenn ein deutscher Impfstoff da ist. Dann haben wir eine Zweiklassengesellschaft«, erklärte er. »Mal angenommen, die Hälfte der Bevölkerung lässt sich impfen und die andere Hälfte nicht. Wir sind ein freies Land, es ist das gute Recht jedes einzelnen Bürgers, nicht immun gegen die Krankheit zu sein. Dann können sie aber nicht zu mir in die Disko. Um sicherzugehen, dass ich keine Virenschleuder auf der Tanz-

fläche habe, möchte ich eigentlich beim Einlass die Impf-
ausweise kontrollieren. Das darf ich aber aus Datenschutz-
gründen nicht. Wir brauchen eine neue App statt eines
Impfausweises, eine mit versteckten Daten«, meinte er.

Der Sicherheitschef erzählte, in Offenbach hätten die
Diskobetreiber neulich ein Experiment gestartet und 250
Gästen eine Disko angeboten. Die Leute durften die ganze
Nacht tanzen und trinken, hatten aber am selben Tag vor der
Disko um 10.00 Uhr früh einen Corona-Schnelltest an der
Bar machen müssen. Die Karte habe inklusive Test und Ge-
tränke 145 Euro gekostet.

»Ich dachte, was für ein Unsinn, wer will schon so viel Geld
fürs Tanzen ausgeben. Und was ist passiert? Die Tickets
waren innerhalb von einer Stunde ausverkauft!«, japste der
Chef. Die Menschen hatten Kulturhunger, sie wollten tanzen,
feiern, zusammen sein und einander ohne Maske küssen.

Zum zweiten Teil meiner Lesung kamen jede Menge
Mücken und Wespen auf die Bühne, sie summten um mich
herum, fielen in mein Glas, die Atmosphäre wurde lockerer
und entspannter, die Menschen in den Liegestühlen lachten,
die Autos hupten vor Begeisterung. Ich las aus diesem, meinem noch nicht zu Ende geschriebenen Corona-Buch und
dachte, eigentlich könnte dies das Ende des Buches sein. Es
fing mit meiner ersten abgesagten Lesung in Baden-Baden
an, mit den Zügen, die plötzlich ausfielen, und den Zeugen
Jehovas am Bahnhof, die so fröhlich leuchteten, weil sie ihr
seit Langem prophezeites Ende der Welt in der Corona-Zeit
endlich herannahen sahen. Das Buch sollte nun vielleicht mit
der ersten Lesung nach einer langen Pause zu Ende gehen.

Die positive Botschaft war da, der Kulturbetrieb raffte sich wieder auf. Hurra, wir hatten die Pandemie überlebt! Ein Happy End.

Der große Unterschied zwischen einem Buch und dem Leben war, dass man im Buch viel leichter zu einem Ende kommen konnte. Im Leben ging es immer irgendwie weiter. Kein Happy End war endgültig, die Fortsetzung folgte. Auch diese zukunftslose Gegenwart würde irgendwann vorbei sein, und dann begann etwas Neues.

In der Nacht ging ich durch Heidelberg spazieren, es war schon wieder ein Freitag. Die Bars hatten länger geöffnet, überall saßen Menschen an den Tischen, im Park spielte eine Band, eine Frau sang mit wunderbarer Stimme, junge Leute rauchten Zigarren und tranken Aperol Spritz, das ultimative Getränk des Jahres 2020, leicht, spritzig und sehr bekömmlich. Meine Tochter hatte einmal bei einer Mädchen-Party zehn davon getrunken und danach nicht einmal Kopfweh. Die kranke Welt feierte und lachte, die Menschen im Park tanzten, die Insekten in der Luft tanzten, und am Himmel tanzten die Sterne und die Satelliten von Elon Musk. Und irgendwo weit, weit weg auf dem Eis tanzten die geimpften russischen Eishockey-Oligarchen, die sich irgendein Zeug gespritzt hatten, von dem niemand wusste, ob es half. Dünnes, dünnes Eis, du bist ein wahres Paradeis, für den, der gut zu tanzen weiß.

Kapitel 17

Wir richten uns nach dem Pfeil

Es war noch nie so leicht, sich durch die Welt zu bewegen. Wir richten uns nach dem Pfeil. Der Boden ist markiert, in Geschäften, in Bahnhöfen, in den Restaurants und im Straßenverkehr. Sogar in den öffentlichen Toiletten sind rote und grüne Pfeile auf die Kacheln geklebt, damit man einander nicht zu nahe kommt und nicht danebenpinkelt. Praktisch und sorgenfrei ist das Leben nach dem Pfeil, man kann sich nirgendwo verlaufen.

Es hat allerdings auch Nachteile. Wir laufen auf einem schmalen Grat, ein falscher Schritt nach links, ein Schritt nach rechts, und wir sind verloren. Die Folgen des Fehltritts können tödlich sein. Deswegen schauen die Menschen konzentriert nach unten, besonders wenn sie in geschlossenen Räumen unterwegs sind. Sie suchen nach dem Pfeil. Leider haben die Markierungskapazitäten der Regierung nicht für die ganze Bundesrepublik ausgereicht. Immer wieder sehe ich unmarkierte Flächen, die eine Entscheidung verlangen: Wo soll man hin? Mehrmals habe ich gesehen, wie Menschen plötzlich stehen blieben und sich umschauten – wo war nur der Pfeil? In Fußgängerzonen waren die Pfeile bereits nach einigen Tagen kaum mehr zu sehen, und irgendein lustiger

Graffiti-Künstler hatte bei uns grüne Pfeile auf die Haus-
fassaden gesprayt, wohl um die Fußgänger zu verwirren. Im
Supermarkt war der Boden mit grünen Pfeilen rund um die
Regale markiert, den roten Pfeil zu malen, haben sie angeblich vergessen. Die Kunden würden sich daher permanent im
Kreis drehen, wenn sie den Pfeilen folgen würden. Auch
wenn sie schon alles gekauft hatten, was sie brauchten, könnten sie den Supermarkt nicht mehr verlassen.

Das Pfeilsystem war noch verbesserungswürdig, es erreichte nicht jeden. Besonders auf dem Land schienen viele Bürger vollkommen verpfeilt, orientierungslos, wirr, vom rechten
Weg abgekommen zu sein. Diese Bürger bildeten Gruppen
und fuhren am Wochenende nach Berlin, um vor dem Bun-
destag zu demonstrieren. Ohne Abstand und ohne Mundschutz hielten sie Plakate in ihren Händen. Plakate mit den
Parolen »Es gibt kein Virus«, »Nieder mit der Plastik- und
Plexiglasindustrie«, »Schluss mit der Maskenparade« und
»Putin, hilf!«.

Der russische Präsident ist für viele vom Weg Abgekom-
mene ein Idol. Seit Jahren fährt er sein Land mit fester Hand
wie einen Lada Niva mit Allradantrieb. Mit ihm ist er bereits vor langer Zeit von der europäischen Landstraße scharf
abgebogen und irrt seitdem auf der Suche nach einer Abkürzung durch den Wald. Das Volk hat volles Vertrauen in
den Präsidenten. Es liegt sicher verstaut im Kofferraum und
wundert sich bloß, wenn es ab und zu kräftig durchgeschüt-
telt wird. Die westlichen Politiker sind dagegen Weicheier,
sie wollen nur mit Navi fahren, haben keine eigenen Ideen,
lassen sich von allen möglichen Virologen belehren und ver-

suchen, deren widersprüchliche Erkenntnisse in die Sprache von Anordnungen und Paragraphen zu übersetzen. Deswegen schreiben die von der Demokratie ermüdeten Demonstranten auf ihre Plakate »Putin, hilf!«.

Einmal standen fast 40.000 Menschen auf der Wiese vor dem Reichstag, ohne Maske und ohne Abstand, und forderten die Bundesregierung laut auf, sofort zuzugeben, dass es das Virus gar nicht gäbe. Einige von ihnen beschlossen, die Reichstagstreppe zu stürmen, obwohl es überhaupt keine Pfeile gab, die Richtung Treppe zeigten.

»Wir laufen jetzt alle dorthin«, schrie eine aufgebrachte Frau mit Dreadlocks. »Zum Teufel mit den Pfeilen, wir holen uns unsere Freiheit zurück.« Eine aufgebrachte Menge lief auf die Treppe zu. Zum Glück standen drei Polizeibeamte im Weg, die tapfer ihre Treppe verteidigten. Sie klappten ihre Plexiglasmasken nach oben und hielten ihre Plastikknüppel hoch. Die Demonstranten konnten noch so laut schreien und springen, »Die Drei von der Treppe« gaben keinen Millimeter nach, als wären sie aus Sparta.

Die Episode schaffte es in die Presse und wurde breit diskutiert. Die Erstürmung des Reichstags ist in Deutschland ein äußerst seltenes Ereignis, das letzte Mal fand es 1945 durch die sowjetische Armee statt. Und jetzt durch die Querdenker mit Putin-Plakaten. Die Minister und die Bundeskanzlerin äußerten sich zu diesem Vorfall, der Einsatz der Polizisten wurde in höchsten Tönen gelobt. Die drei von der Treppe bekamen große Anerkennung. Ich glaube, bald wird die Geschichte verfilmt, möglicherweise mit Til Schweiger in der Hauptrolle.

Am Morgen nach dem Sturm waren die Querdenker in großer Zahl zum Frühstück in der russischen Bar Moloko am Helmholtzplatz erschienen, wo meine Tochter kellnerte. Wahrscheinlich hatten sie gedacht, alle Russenbars in Berlin würden Putin gehören, und suchten Kontakt. Das Moloko hat aber mit Putin nichts zu tun. Es ist eine besondere Einrichtung, kein Gute-Laune-Café. Dort gehen normalerweise Menschen frühstücken, die eine ganze Nacht durchgesoffen haben und unter einem schlimmen Kater leiden. Sie bekommen in diesem Fall eine heiße Rote-Bete-Suppe, einen Wodka und einen Russendisko-Burger mit Sauerkraut und Gurke.

Die Querdenker fühlten sich in dem russischen Laden am Helmi sauwohl. Meine Tochter erzählte, dass sie sogar beim Frühstück in Kampfstimmung waren und Großes planten. »Wir müssen uns darüber im Klaren sein, dass wir es hier mit einer dunklen Macht zu tun haben, die zu allem fähig ist. Wir dürfen sie nicht in unsere Köpfe lassen.«

Es hörte sich an, als würde in der Bar gerade eine neue Folge von *Star Wars* gedreht. »Das psychiatrische Krankenhaus Sonnenschein hatte Ausgang«, so das Fazit von Nicole. Sie war an dem Tag auch müde nach einer durchzechten Nacht. Sie hatte irgendwo am See bis in die frühen Morgenstunden getanzt und musste danach noch den Querdenkern ihr Frühstück servieren.

Die Jugend feierte in Corona-Zeiten besonders heftig. Sie war der Meinung, ihr werde die beste Zeit ihres Lebens geklaut. Eigentlich wollte meine Tochter weiterstudieren, ihren Master in Ethnologie machen. Doch die Uni hatte schon angekündigt, die nächsten Semester werde es nur Online-Unterricht geben. Deswegen machte sie jetzt ihre ethnologische Feldforschung auf eigene Faust und ging zu Technopartys in den Wald, obwohl sie diese Musik nicht wirklich mochte.

Der Freundeskreis meiner Tochter hatte sich eine geheime Ecke an einem See bei Bernau ausgesucht, weit weg von jeder Zivilisation. Dort, so dachte die naive Jugend, würde die Polizei sie nie finden. Die Jungs und Mädchen hatten große Mühe, einen Stromgenerator und ausreichend große Boxen für die Party zu mieten, denn überall in Berlin waren Musikanlagen samt Stromerzeuger ausgebucht. Und ohne Strom konnte sich diese verwöhnte Jugend keine Party vorstellen.

Darin sah ich den krassen Unterschied zu meiner eigenen Jugend. Wir haben zu Unplugged-Musik im Wald getanzt. Unser sozialistischer Staat mochte nämlich grundsätzlich keine lauten Geräusche in geschlossenen Räumen. Jede Art laute Musik, die nicht den staatlichen Segen hatte, konnte leicht als Widerstandsgeste gegen das Regime gedeutet werden. Wir sind damals also bei jeder Gelegenheit in den Wald gegangen, haben am Lagerfeuer gesungen und auf Lichtungen getanzt. Dort konnten wir frei sein und unsere eigene Musik machen. Natürlich war auch diese Freiheit eingeschränkt: Im Wald gab es keine Steckdosen. Deswegen haben wir alle gelernt, Akustikgitarre zu spielen. Wer das nicht konnte, spielte Luftgitarre oder Schlagzeug, deswegen war unsere Musik so leise und verträumt. Die heutige Jugend ist in einer Welt voller Steckdosen aufgewachsen und musste sich erst in Corona-Zeiten an den Wald als natürlichen Partyraum gewöhnen.

Meine Tochter und ihre Freunde hatten Glück. Sie konnten einen Stromgenerator auftreiben, und ihre Technoparty lief gut. Die Polizei hat sie nicht entdeckt, dafür kamen viele Camper von den umliegenden Campingplätzen, um mitzufeiern. Nachts war der Wald bei Bernau voller Menschen. Es roch gar nicht nach Bäumen und Erde, sondern nach Rauch und Schweiß, erzählte mir meine Tochter. Die Campingplätze waren in diesem Sommer gut ausgelastet, und die Wohnmobilindustrie kam den vielen Bestellungen gar nicht hinterher, während Hotels und Ferienanlagen leer standen.

Auch bei uns in Berlin hörte ich aus der Dunkelheit des Mauerparks nach Mitternacht immer das laute Bum-bum-bum einer endlosen Technoparty, die immer wieder durch das Heulen von Polizeisirenen unterbrochen wurde. Meine Mutter hörte die nächtlichen Konzerte ebenfalls und freute sich anfangs über die Jugend. Wenn schon die Konzerthäuser geschlossen waren, sollte es zumindest in den Parks Musik geben, sagte Mama. Sie dachte, sie könne Melodien und Texte bei dieser Parkmusik nicht erkennen, weil sie schwerhörig sei. Ihre Enttäuschung war groß, als ich sie darüber aufklärte, dass es bei dieser Art Musik gar keine Melodie gab, von irgendeinem Text ganz zu schweigen. Es ging bloß um ein gemeinsames rhythmisches Wackeln, um ein Gefühl des solidarischen Zusammenseins.

Eigentlich war Techno die perfekte Corona-Musik. Die Menschen sollten in der Pandemie nicht zusammen singen, Chöre erwiesen sich als gefährliche Superspreader, und auch der Paartanz erhöhte mit Sicherheit die virologische Last der Tänzer, die einander direkt ins Gesicht atmeten. Zur Technomusik tanzte jeder allein, hatte aber das Gefühl, mit den anderen in Kontakt zu sein, weil die Menschen sich im selben Rhythmus bewegten. Wenn die Tanzfläche jetzt auch noch mit Pfeilen markiert wäre, damit die Tänzer nicht zu nahe aneinandergerieten, wäre Techno der perfekte Corona-Tanz. Nacht für Nacht kam die Jugend in den Park und tanzte trotz der Warnungen der Virologen. Diese unkten, der Sommer wäre bald vorbei, dann müssten die Menschen die Wälder und Parkanlagen verlassen und in kleine Räume mit sperriger Luft zurückkehren, wo sie einander wieder ins Gesicht niesen und erkranken würden.

Was sollten wir tun? Greta sagte, wir sollten Zurückhaltung üben. Die Menschen hatten sich übernommen, waren rastlos geworden. Sie konnten keine Sekunde stillstehen, sondern wollten permanent neue Sachen shoppen, Spaß haben, feiern und für wenig Geld nach Mallorca fliegen. Das reine Lebensglück, die Freude an kleinen Dingen ist uns abhandengekommen. Durch den endlosen Konsum ist uns der Boden unter den Füßen weggerutscht. Auf einmal war der Sternenhimmel nur noch zum Fliegen da, während Flora und Fauna des Planeten vakuumverpackt und zum Teil eingefroren in den Regalen der Supermärkte landeten. Die Sonne wurde nur noch als zusätzliche Energiequelle betrachtet. Und der Planet wehrte sich, er ließ das Virus auf uns los, das alle großen Menschenansammlungen auseinandertrieb. Es hat uns gerade dort erwischt, wo wir zum Feiern und Genießen hingingen: in Fußballstadien und Clubs, auf dem Oktoberfest und im Karneval. Alles zerstört.

Die Menschen wurden krank, viele starben. Die Regierung

versuchte, die Bürger in Reih und Glied aufzustellen, und ordnete Bodenmarkierungen an. Nun wissen wir genau, wo unser Weg beginnt und wo er endet, ein grüner Pfeil markiert den Eingang, ein roter den Ausgang. Gummihandschuhe, Maske im Gesicht, wir schauen nach unten, wir richten uns nach dem Pfeil.

Wie kommen wir aus diesem Schlamassel wieder raus? Wann hören die Viren auf zu fliegen und wir fangen wieder an? Wann gehen wir wieder zum Fußballgucken ins Stadion? Wann kommt die nächste Russendisko? Und wo findet sie statt? Vielleicht in Polen? Die Viren springen nämlich in allen Ländern unterschiedlich weit, deswegen sind geltende Abstandsregeln je nach Land unterschiedlich. Zuerst dachte ich, je größer das Land, umso weiter könnten die Viren fliegen. Aber nein, es hing wohl von der Sprache ab. Je mehr Vokale zur Verständigung ausgesprochen wurden, desto mehr wurde gepustet. Deswegen betrug in Frankreich der sichere Mindestabstand ganze zwei Meter, im konsonantenreichen Deutschland dagegen nur 1,50. In Mecklenburg-Vorpommern kamen die Menschen auch mit einem einzigen Meter Abstand klar. Sie redeten wenig, und ihre Buchstaben fielen, kaum ausgesprochen, sofort zu Boden. »Moin, Moin« – da flog nichts durch die Luft. Weiter östlich in Ländern wie Polen oder Tschechien, wo sich die Menschen fast nur durch Austausch von Konsonanten verständigten und außerdem Bärte und Schnurrbärte trugen, die ab einer bestimmten Länge als natürlicher Mundnasenschutz anerkannt wurden, sind die Abstände gering. Dort würde meine nächste Russendisko stattfinden.

Oder in Österreich. Dort durften laut staatlicher Anordnung Viren auch nicht weiter als einen Meter fliegen. Das ließ die Gastronomie und vor allem die Kulturveranstalter optimistisch ausatmen. An vielen Orten fanden Kultursommer mit Lesungen und Konzerten statt – es ging! Man musste nur einen Meter Abstand zwischen den Reihen gewährleisten können. Also haben die Österreicher die Stühle am Fußboden festgenagelt, damit die Zuhörer mit dem Stuhl nicht wegrutschen konnten, und sämtliche 32 Klaviersonaten von Beethoven durchgespielt. 2020 war ja ursprünglich ein Beethoven-Jahr, bevor es zum Corona-Jahr wurde. Alle Konzerte waren bereits im Vorfeld ausverkauft. Der Kulturhunger war überall groß, trotz der Angst. Die Menschen spürten, dass die Kunst möglicherweise die richtige Medizin war – wenn nicht gegen das Virus, dann zumindest gegen den psychischen Schaden, der uns allen drohte.

Die Klavierkonzerte wurden vom Publikum überall mit Begeisterung aufgenommen. Nur wenn Musiker mit Blasinstrumenten auf der Bühne erschienen, zuckten die Menschen zusammen. So ein Trompeter sah aus wie ein Superspreader. Er musste nur einmal in die Röhre blasen, und am anderen Ende kamen Milliarden Partikel heraus, darunter bestimmt auch einige Viren. Die Menschen im Saal wollten instinktiv von der Bühne wegrücken, doch das ging nicht, ihre Stühle waren ja festgenagelt.

Was nun die tatsächliche Herkunft der Coronaviren betraf, öffneten mir zwei österreichische junge Damen, zwei zauberhafte Feen, die Augen. Sie erzählten mir, wie krank wir in Wahrheit alle seien und woran wir eigentlich litten.

Laut ihrer Verschwörungstheorie gab es dieses Virus nicht erst seit gestern, es kursierte in Wahrheit schon etliche Jahre unter den Menschen, und wir alle waren auf die eine oder andere Weise damit infiziert. Wir merkten es bloß nicht. Es beanspruche nur 1 bis 2 Prozent unserer Lunge, daher fiele es nicht groß auf. Es reichten aber schon mikroskopisch kleine Mengen davon, um den Transport des Sauerstoffs ins Gehirn etwas zu reduzieren. Das passierte meistens nachts, ohne dass wir es wahrnähmen, aber wir wachten jeden Morgen etwas dümmer auf als am Tag davor. Das Virus beschleunigte auf diese Weise die allgemeine Verblödung der Welt. Es wäre wie die Erderwärmung, es heizte unseren Kessel von innen an, und wir könnten nichts dagegen tun. Deswegen würden überall auf der Welt Politiker mit beschränkter sozialer Kompetenz zu Präsidenten gewählt, Menschen benähmen sich wie Kinder, glaubten jedem Idioten, liefen im Kreis, schwankten beim Gehen und hätten glasige Augen.

Ich bestritt diese absurde Theorie.

»Aber meine Damen!«, sagte ich. »Alle Probleme, die wir heute haben, gab es schon früher, vor Corona. Das starke Schaukeln beim Gehen und die glasigen Augen kommen daher, dass wir seit Längerem Atemschutzmasken tragen und viel Aperol Spritz trinken. Das ist aber normal. Auch früher waren wir nicht schlauer. Es gibt keine Beschleunigung der Verblödung. Was war vor hundert Jahren? Oder vor zweihundert?«, fragte ich pathetisch.

»Ach nee, Kaminer«, sagten die zauberhaften Feen. »Du merkst es einfach nicht. Weil du selbst verblödet bist.«

KAMINER & DIE ANTIKÖRPERS – BLEIB ZU HAUSE, MAMA!

Man könnte es ein musikalisches Pandemie-Tagebuch nennen, was Kaminer & Die Antikörpers da in unser aller erstem Lockdown produziert haben. Jede Woche ein neuer Song, jede Woche eine neue musikalische Zustandsbeschreibung und jede Woche neue Einblicke in unser aller Seelenleben.

Kaminer & Die Antikörpers – Bleib zu Hause, Mama! erscheint am 30. April 2021 bei Trikont-Our Own Voice, erhältlich als CD & DIGITAL.

Zuerst trat das Mädchen Greta in der UNO-Vollversammlung auf, sie schrie die Menschheit an, sie solle aufhören mit ihrem Konsum und mit ihrer Fliegerei! Wir müssen die Umwelt schützen! Damals haben alle über das Mädchen gelacht. Wer hätte gedacht, dass es gar keine UNO braucht, um Gretas Traum zu verwirklichen. Eine kleine Fledermaus hat ihre Wünsche erfüllt, die Flugzeuge, Kreuzfahrtschiffe, stehen still, die Natur erholt sich. Und wir sind in einer neuen Welt aufgewacht, in der Traumwelt eines Mädchens. Seitdem ist Greta verschwunden und niemand weiß, wie es weiter gehen soll. Nur wir, die Antikörpers, haben nicht geschlafen, wir haben das neue Leben untersucht, wir haben es komponiert, besungen, ausgelacht. Wenn die Außerirdischen in hunderttausend Jahren unseren Planeten entdecken und unsere Songs hören, werden sie wissen, was hier los war.
Am 30.04.2021 veröffentlichen wir unser erstes Album. Völker der Welt, kommt zu unseren Konzerten! Hört die Signale! Hört Kaminer & Die Antikörpers!

www.trikont.de